ブレずに「やりたいこと」で食べていく起業

Starting a Business with What You Truly Want to Do

株式会社 和える
代表取締役
矢島里佳

日本実業出版社

「この選択でいいのか?」

「本当にこの道で良かった？」

はじめに

起業に「悩み」はつきものです。

そもそも大半の人は、まず起業するか否かで悩みます。その悩みを乗り越えて、起業したら悩まないのか。そんなことはありません。起業してからが本当の悩みのはじまりです。

「この選択で合っている？」「本当にこの道で良かった？」と、つい後ろを振り返りたくなることも……。

「それでいいよ。間違っていないよ」と誰かに背中を押してもらえたら、こんなに安心できることはありませんよね。そこで、この本は、背中を押すべく、起業をするうえで、続けていくうえで知っておきたいリアルを綴っています。

私は大学時代にビジネスコンテストをきっかけに「日本の伝統を次世代につなぎたい」という想いから、株式会社和《あ》えるを創業し、かれこれ10年以上の月日が経ちました。

これまでに、さまざまな壁を乗り越え、3年、5年、10年とベンチャー企業の生存確率が減っていくなか、今も生き残っています。

この間、多くの企業が「こんなはずじゃなかった……」と言いながら、消えていきました。

心が疲弊して経営を続けることが難しくなり、体調を崩し、会社から離れる、会社を終える、他社へ譲渡する経営者も見てきました。

また、創業当時は想いを持ち輝いていた人たちが、日々の業務に追われ、何のためにはじめたのか、気がついたら創業の想いと原点を見失い、会社を存続させるために経営を続けていた、たとえ会社は存続していても、想いが存続しない会社になると、まるで経済の奴隷のように働くことに……というケースも。

一方、私自身は、せっかく起業という挑戦をするのであれば、変に肩肘張らず、創業の気持ちに素直に心地良く経営をしたいという想いで続けています。

その間、２０１５年には「第４回ＤＢＪ（日本政策投資銀行）女性新ビジネスプランコンペティション」女性起業大賞受賞、２０１７年ＡＰＥＣの女性起業家を表彰する「APEC Best Award」受賞の栄誉にもあずかりました。

そして、今までに50社を超える経営者の方々との壁打ち相手をさせていただく、伴走型リブランディング事業を行ってきました。その事業では、経営者の想いを整理し、言語化する過程を通じて、その方が真に「やりたいこと」を明確にするお手伝いもしています。

社外取締役や顧問などもお声がけいただき、客観的な視点で経営者の方々のお話をうかがい、ブレない軸がどこにあるのか見出すための質問を投げかけながら、整えていくお手伝いもしてきました。

また、10年以上にわたり、日本政策金融公庫の高校生ビジネスプラン・グランプリ審査委員、日刊工業新聞社の「キャンパスベンチャーグランプリ」全国大会審査委員、総務省の「地域おこし協力隊ビジネスアワード審査会」審査員・アドバイザーなど、さまざまなビジネスコンテストの審査員を務め、１０００以上のビジネスモデルを見てきました。

これらの経験を通して得たことを、起業で悩んでいる方にお伝えすると、「心が軽くなった。もう一度自分に素直に経営してみようと思う」とおっしゃっていただくことが増えてきました。

起業するうえで、または起業してみたものの「この道を進むべきなのだろうか」「この選択で間違っていないのだろうか」と、悩みが尽きない起業家の方々の具体的なお役に立てればという想いが、本書を書くきっかけとなりました。

私の経験はもちろん、さまざまな事例を見てきたからこそ感じる共通する悩みの解決策を本書にまとめました。

この本が心の安寧《あんねい》につながり、心おだやかに経営を続けるお手伝いができれば幸いです。

ブレずに「やりたいこと」で食べていく起業

目次

第2章

疲弊しない、自分を犠牲にしないための「仕組み」づくり

第3章

お金には「色」がある

第4章

1人でやるか、誰かとやるか
～会社に必要な人を採用するポイント～

第5章 起業して10年続けてわかったこと

おわりに

ブックデザイン　山之口正和＋永井里実＋高橋さくら
（ＯＫＩＫＡＴＡ）
ＤＴＰ　藤原政則
企画　渡辺智也
（ランカクリエイティブパートナーズ株式会社）
編集協力　流石香織
制作協力　Dennis Chia

第1章

ブレずに「やりたいこと」で食べていく起業

起業は手段でしかなく、目的ではない

心の中に経営の「軸」を持つ

あなたの起業の真の目的は何ですか？

「起業家に憧れて」

「お金持ちになりたいから」

「やりたいことがあるから」

起業する理由は、人それぞれさまざまです。ただし、漠然と起業すると、起業すること自体が目的となり、失敗する可能性が高くなります。

というのも、**「何のためにビジネスをするのか」という軸がないまま事業を立ち上げると、究極的には、お金を稼ぐことが目的になり、経済の奴隷になってしまうこともあるからです。**それだと、気持ちが続かないのです。

「この事業がうまくいかなかったら、次は別の事業をやってみよう」と次々と新しい事業に手を出す。その結果、社員は何のために働いているのかわからずモチベーションが上がらない。すぐに辞めてしまう。そうして組織が空中分解するという例は少なくありません。

そもそも、「何のために起業したのですか？」と人に聞かれた際、ただ単に「起業家になりたかったから」「お金を稼ぎたかったから」では人々の共感を得られないので、応援されず、会社を継続させることは難しいでしょう。

私は、起業は「手段」でしかないと考えています。ですから、**「起業という手段によって、自分が成し遂げたいこと＝起業の目的」を実現するための「経営の軸」**を持つことが重要です。

私が経営している「和える」は、「日本の伝統を次世代につなぐ」という目的（経営の軸）を持ち、赤ちゃん、子どもの頃から使えるオリジナル商品を販売する〝0歳からの伝統ブランドaeru〟をはじめ、教育事業、空間プロデュース事業など、日本の伝統や先人の智慧《ちえ》を、暮らしのなかで活かしながら次世代につなぐ、さまざまな事業を展開しています。

「和える」は創業以来、「日本の伝統を次世代につなぐ」という経営の軸に重なり、ワクワクする未来を感じることに素直に取り組んできました。

ブレない経営の軸とは、航海で言えば「北極星」のようなもの。

だからこそ、あらためて北極星となる、あなたの起業の目的を言語化してみてください。そうすることで、会社が向かうべき方向が明確になっていきます。言語化すると、取り組むべき事業かどうかの判断も自然と悩まずにできるようになるのです。

このブレない経営の軸を手にするには、本書を読み進めながら「もし自分なら……」と置き換えて考えを巡らせ、自身と対話を深めていくことが大切です。

ビジネスは「ポジティブな感情」で考える

ビジネスモデルを考える際は「ワクワクできるか」が起点

あなたは、自身のビジネスに「ワクワク」していますか？

起業をする際、社会課題の解決をはじめ、次のようにビジネスモデルを考えようとする人が多いように感じます。

たとえば、地球環境の破壊を食い止めなければならない。シングルマザーの貧困問題を解決しなければならない。女性の活躍促進のために待機児童を解消すべきだ。地域の過疎化を止めなければならない……。

このような課題解決への想いも行動も、もちろん素晴らしいと思います。

たしかに、怒りや悲しみは瞬間的に大きな起業へのエネルギーとなるかもしれません。ただ、社会課題に注目して、「怒りや悲しみ」を起点にネガティブな感情でビジネスモデルを考えるのは、ベクトルがマイナスの状態からゼロに向かうイメージです。その負の感情で続けると、やがて意欲的に働くことが難しくなっていきます。

同じ社会課題からの起業だとしても、感情の起点が「〜ねばならない」「〜すべき」というようなネガティブな感情ではなく、「こうなったら素敵だな」「こんな未来を見てみたい」というような**ワクワクするポジティブな感情を起点にビジネスモデルを考えることこそ起業を継続するためには大切**だと、まわりの10年以上継続している起業家や私自身の経験からも感じています。

何より同じ社会課題でも、「自分自身がワクワクできるか」を起点に考えるほうが持続的なエネルギーが生まれます。

起業はポジティブな感情から

「和える」の事業は、どれもポジティブな感情を起点に、「こんな社会になったら美しいなぁ、楽しそうだなぁ」ということを想像し、それらが継続する仕組み＝ビジネスモデルを生み出し続けてきました。

それこそ、「日本の伝統を次世代につなぐ」という企業理念は、私が10代の頃、伝統産業の職人さんたちとの出逢いから、私自身の暮らしに伝統産業品や先人の智慧《ちえ》を取り入れるようになり、暮らしが、人生が豊かになった実感から生まれています。

大学生の頃、漆《うるし》塗りのお箸《はし》ではじめてご飯をいただいた瞬間、「わぁっ！　一膳のお箸で、毎日のご飯がこんなに美味しくなるんだ！」と感動したことがきっかけです。

自然の恵みから生まれた、ホンモノの漆塗りのお箸を使うことで暮らしが豊かになったことを実感したのです。

「私のように、この豊かさにまだ出逢えていない人はきっとたくさんいるはず。もっと多くの人に日本の伝統とともに暮らす魅力を伝えて、心豊かに人生を楽しむ人を増やしたい」というポジティブな感情から創業したのです。

「伝統」を次世代につなぎたい、という同じ想いでも、「伝統を絶やしてはいけない」という義務感と、「伝統が好き。暮らしを心豊かにするために活かしたい」というのでは、感情の起点が異なります。

感情の起点によって、思考の過程が変容するため、生まれてくる事業の特色やビジネスモデルが異なるのです。

ネガティブな感情からスタートするか、ポジティブな感情からスタートするか。どちらの感情からスタートするかは、会社の一生を決める、会社に根づく思想哲学に大きな影響を与えます。

ポジティブな感情でビジネスモデルを考えたほうが、壁があっても、その先の美しい未来を見るのが楽しみで、どんな壁も躊躇《ちゅうちょ》せずに乗り越えようと自然と思考し、進めます。

おかげさまで、いつ振り返っても、大変だったことや苦しかったことより、うれしかった、楽しかったという、ポジティブな感情にあふれた起業家人生を歩んでいます。

これは、私が幸せですということを言いたいのではなく、会社の雰囲気そのものに影響するからこそ、最初にお伝えしています。

会社のトップである経営者がネガティブな感情にあふれていると、会社も社員もネガティブな感情に引っ張られていきます。過去、さまざまな企業を見てきましたが、愚痴の多い社員が多い企業の経営者は、やはりネガティブな発言が多いという傾向があります。

ポジティブなエネルギーで会社を包むか、ネガティブなエネルギーで会社を包むか。あなたはどちらを選びますか？

実際にポジティブな感情のほうが生産性が高い

実際のところ、ポジティブな感情で、ワクワクすることに向かうと、自然に意欲的に動くエネルギーに満ち、仕事の生産性も高まります。

このことは、ポジティブ心理学の研究者であるソニア・リュボミアスキー博士の、「幸福度の高い社員の創造性は、そうでない社員の3倍高く、生産性は31％高い」という研究結果でも裏づけられています。私自身も、ポジティブな気持ちのほうが生産性の高い状態で働けるということを、日々仕事をしていて実感しています。

私は起業セミナーなどで講演するときにも、「ビジネスモデルや事業を考える際には、ポジティブな感情で考えるほうがうまくいきやすく、長く続きやすいと思います」という話をしています。

すると、うつむき加減で話を聞いていた方もハッとして顔を上げ、ポジティブな感情で考えることの大切さに気がついて表情がキラキラと輝きはじめます。

私たちがリブランディングで携わっている会社の経営者の方から、こんなふうに言われたことがあります。

「社会課題という言葉の響きから、社会の負＝ネガティブなことからビジネスモデルを考えなければと思い込んでいたので、これからビジネスをはじめるのに自分自身が、まったくワクワクしていなかったことに気がつきました。ポジティブに考えていいんだとわかってから、ビジネスモデルを考えることが楽しくなりました」

「ワクワクする」「楽しみだなぁ」と想像しながら考えたビジネスは、人々にもワクワク感が伝播するので、自然と継続するビジネスになるのです。

世のため、人のためだと、どこかでつらくなる

「自分のため」だからこそ、エネルギーが湧き出てくる

あなたは、「自分のため」に起業できていますか?

社会起業家、社会貢献事業、持続可能な開発目標(SDGs)……。環境や社会に対する関心が高まるなか、世のため、人のためという考え方自体はとても大事だと思います。ただ、ものごとを考える優先順位が「社会→相手→自分」となり、自分の気

持ちを置き去りにしていませんか？

じつは、私が起業した会社で実現したい「日本の伝統を次世代につなぐ」というのは、究極は私自身のためであり、自分が一番のお客様だと考えています。

だからこそ、どんなことが起きようとも、創業の想いからブレずに続けられていると感じます。

自分の気持ちと素直に向き合い、まずは自分のために動く。すると、動き出すための力が自然と湧いてくるはずです。

自分の想いや願いを叶えるためなので、内側から湧き出るエネルギーが湧水のように途切れることはありません。

そんな自分のエネルギーの源泉にどうしたら気づけるのか。まずは幼少期から現在に至るまでの自分の興味関心ごとや感情の起伏を、１つひとつ思い出してみてください。必ずそこにヒントがあるはずです。

「起業家だから」ではなく、「自分らしさ」で人生を選択する

「経営が忙しいから、プライベートの時間なんて、まるでなかった」

「仕事が大事だから、家庭を顧みる余裕がない」

こんなふうに「仕事のため」と言いつつ、いろいろなことを犠牲にしていたら、たとえ会社が続いても、私自身、負の感情を抱いてすごしていたかもしれません。

起業から10年以上が経った今、そうなっていないのは、創業の想いを実現しつつも、自分らしく生きることを貫いてきたからだと思います。

「自分らしく生きる」とは、自分と対話し、自分の気持ちをごまかさず正直になって、本当にやりたいことを選んで、その道を進むこと。

やりたいことを選ぶ際、とても大切なのが、心に余白がある状態で意思決定をすることです。気持ちがいっぱいいっぱいだと、余裕がなく、本当にやりたいことを素直に選ぶことが難しくなります。

余白があることで、「メタ認知」がしやすくなるのです。

メタ認知とは、もう1人の自分が、自分を頭上から見ているようなイメージで物事を認知することです。

そのような俯瞰した視点だと、「やりたいことをするためには、AとBとCといろいろな選択肢があるんだな。自分の気持ちにはAが重なる」などと冷静に選びやすくなるのです。

日々、意思決定を迫られるのが経営者だと思いますが、**どんなに物理的に忙しくても、精神まで忙しくならないように習慣づけることが大切です。**

とくに意思決定をするその瞬間は、まず、ひと呼吸置く。ぐっと意識を上に、できるだけ遠くに引き上げ、最大限俯瞰して自分を見ているイメージを持つ。

そこで自身に問いかけてみてください。「感情的になっていないか」「持ちうるすべての可能性を並べられているか」「事実をもとに冷静に情報を取捨選択しているか」、そして何よりも「心に余白を生み出せているか」。これらをルーティンの1つとして確認してみてください。

運命のように「やりたいこと」は降ってこない

「ミッション」とは、人生の蓄積によるもの

あなたは、自分の「ミッション」を意識して生きていますか？

「起業したけれども、これから何をどうしたらいいのか、なかなか見通しを立てられない」

「どんなことが起きるのか、少し先の未来と解決策を知って、安心して起業家人生を

歩みたい」

「起業したものの、本当にこの道で良かったのだろうか、これが運命的な仕事になるのだろうか、少し不安……」

これらは、起業したばかりの方からよく聞く悩みです。

世の中には、創業から3年以内に消えていく会社が大半のなかで、3年、5年、10年の壁を超えて、10年以上事業を存続させている起業家がいます。

生き残っている起業家たちの多くは、まるで必然のごとく己《おのれ》の人生をかけてすべきことを魅力的に語ります。

そんな人々を見ていると、継続できる起業家とは「自分のやりたいことに運命的に出逢えて、それを仕事にできている幸運な人々だろう」と思ってしまうかもしれません。

けれども、そんな運命的な出逢いは急に訪れるものではありません。人生の蓄積の賜物なのです。少なくとも、私は10年がかりでした。

これは、10年以上継続して経営をしている起業家の友人たちと話していても、共通していることであり、**みな人生の蓄積で「今の事業に出逢っている」のです。**

起業した頃は、明確ではないけれど、「こういうことをやりたいのかも……」という自分の意識の点を1つひとつ確かめると、行動が積み重なり線になる。そして線が面になり、ある日、運命的に出逢ったかのように、自分がやることが見えてくる。

そうやって瞬間瞬間の自分の意識に素直に従い、機会を逃さずに行動を続けてきた人たちが、継続できる起業家になっているのです。

踏み出したからこそ見えてきた「自分のやりたいこと」

介護テックを手がける株式会社abaの宇井吉美さんのエピソードです。宇井さんは中学2年生のときに、母親代わりだったお祖母様《ばあ》がうつ病を発症したことがきっかけで「人間の代わりに介護をしてくれるロボットをつくりたい」と思ったそうです。

その志を胸に工業大学へ進学。はじめて参加した介護施設での実習で、排泄の介助を見たことが起業につながったそうです、その様子を次のように語られています。

「ある高齢の方を介護職の方が2人がかりで便座に座らせ、体を押さえつけながらお腹を押し、排便を促していました。介助を受けているご本人は何をされているのかわからないようでした。そしてずっと大声で叫ばれていて……。私はあまりにもショックで泣きながら『ご本人が望んでいることですか』と質問せずにはいられませんでした」

このときのやりとりがきっかけとなり、宇井さんは介護のなかでも排泄介助の負担が重いことを知ります。そして「テクノロジーを使って、介護の最前線にいる介護職の方たちを支えたい」と思うようになったそうです。

実習の最後に参加させてもらった終礼のとき、宇井さんが「どんな介護ロボットがあったら、みなさんの助けになりますか」と質問したところ、「おむつを開けずに、なかが見たい」という答えが返ってきたそうです。排泄をしていないのにおむつを開けられたり、おむつの外まで便が漏れてしまったり……。そんなつらい状況も、おむつを開けなくてもなかの状態がわかるようになれば変わる。介助する側も、される側もつらい思いをしなくても良くなると宇井さんは確信し、排泄センサーに絞り、開発をはじめたそうです。そうして十数年かけて完成したのが、まさに介護職の方々の願いを叶えた「ヘルプパッド」です。

これは介護業界の常識を大きく覆す革新的なものとなり、この実績から「第24回

Japan Venture Awards・中小機構理事長賞」をはじめ、数々の賞を受賞されています。ただ、宇井さんもいきなりこれをつくろうとしたわけではなく、ご自身の人生のなかでの経験や人との出逢いの点と点をつなぎ、線にし、面になって今があるのです。

この話からも、急に運命のように「やりたいこと」が降ってきたわけではないということがおわかりいただけるかと思います。「**人よりも少しだけ、自分の興味関心に意識のアンテナを向け続けて生きている**」ということです。

自然と自分の足が向いている方向へひたすら歩み続け、一歩踏み出した瞬間の自分の心の動きを意識していった結果、事業が育っていった。はたから見れば、それが運命的な出逢いのようですが、当の本人たちは、自分の興味関心に素直に、地道に歩んでいるだけなのです。

私自身も、時間をかけて、いろいろな寄り道をしながら、「日本の伝統を次世代につなぎたい」というワンメッセージ＝ブレない軸にたどり着き、「和える」という会社が生まれました。

自分のなかでの経験という実感が詰まっているからこそ、会社が行き詰まったときも、「起業すべきだったのだろうか……。本当にこの事業を続けていて良いのだろうか……」という迷いはいっさい起きません。

たくさん寄り道をしないで起業していたら、起業したこと自体を悩んでしまったり、ワンメッセージ自体を疑ってしまったりしていたかもしれません。そうならないためにも、時間をかけて自分の興味関心を探っていく経験はとても大切なのです。

私は学生起業ということもあり、人生をムダなく運命的に起業に行き着いたように思われがちなのですが、そんなことはありません。

幼少期から、自分の興味関心に意識のアンテナを向け続けて生きてきたので、人生の早い段階で自分のやるべきことが定まっただけなのです。「自分が本当にやりたいこと」に気づくまでに10年以上の歳月をかけてきています。

つまり、いつからはじめたかの違いであって、今、この本を手に取ってくださっているあなたも、今からご自身の興味関心へ意識を向けてアンテナを立てることで、必ず人生をかけてやりたい事業に出逢え、10年の壁を超えて継続できる起業家になれるはずです。

あなたが本当にやりたいことは何ですか？

「好きだから上手になる」というのは事実

あなたは、自分の「好きなこと」を理解していますか？

仕事のなかには、自分のやりたくない仕事もあるかもしれません。それでもやらなければと、頑張るしかないこともあるでしょう。

しかし、それが「ちょっとした背伸び」を超えたものであり、頑張るほど空回りして成果につながらない、心が疲弊していく……そんなケースも少なくありません。

私は幼少期から「好きこそものの上手なれ」で、好きなことであれば成果を早く出せることを実感しているので、自分にも、社員にも「やりたいことをやったほうがいい」と話しています。

結果、好きなことを見つけて力を注ぎ切っている人ほど、成果を出せるようになっています。

たとえば、「和える」の社員で、自分の好きなことを思いきり発揮できる仕事と出逢うことができ、これまでしていなかった行動をどんどんするようになったケースがあります。

その社員は、自分が担当しているワークショップのフライヤーに一瞬立ち止まったお客様を見逃さず、さりげなく渡しているのを見かけました。

私が「上手な気のまわし方をできるようになりましたね」と言うと、その社員は「そのようなつもりはなかったのですが、お客様にたくさん来ていただかないと、この楽しい仕事ができないから、『あの人にも、ぜひ！』と思ってフライヤーを持っていっただけなんです」と笑顔で話していました。

これこそ、まさに好きこそものの上手なれで、苦手なことをしているうちは「成果を出すために、何をすべきか」を論理的に説明されても、なかなか行動に移せないのですが、**好きなことをすると「この好きな仕事を続けるために、増やすために、必要なことを自分から自然とする」ということができるようになり、結果、成果につながるのです。**

自分に嘘をつかず、本当にやりたいことは？

では、「やりたい仕事」を手にするには、どうしたらいいのか？

まずは「自分はこれが好きだ」と言えるようになることです。

私の場合は、美しいものごとや新たな発見が好きです。もう少し落とし込むと、職人さんが好き、伝統工芸品が好き、旅が好き、乳幼児教育が好き、自然界が好き……などなどたくさんあります。

「これが好き」という感情は日々の暮らしのなかで感じるものです。だからこそ、自身の内なる声に耳を傾けてあげられるように、心の余白を生み出すことが大切です。

心の余白を生み出すうえで意識してほしいのは、**自分に問いかけることです。**私はいつも、「どうしたいかな?」と自分のなかにいる自分に聞いています。

自分の素直な気持ちと対話をすることを習慣化できると、自分という人間への理解も深まります。

そうして知った**「私はこれが好き」という気持ちを、自分のなかに留めるのではなく、言葉にして外に出す、つまり積極的に人に伝えることで、自分を取り巻く世界が変わりはじめるのです。**

自分が「やりたい」仕事だと成果を出しやすくなるのは先述した通りで、だからこそ、私も自分の気持ちをごまかさず素直に生きるようにしています。

自分がやりたくないことは無理に頑張らない。だから、仕事でつらくなることはなく、好きなことをしているおかげで、「あれをしなきゃ、これをしなきゃ」と追われている気持ちにならず、ご機嫌に生き・働くことができています。

もちろん、人生いろいろなことが起きるので、すべてが思い通りになることなんてありません。

それでも、自分の気持ちに嘘をつかず、好きなこと、やりたいことに取り組めるように環境を整える努力を惜しまなければ、結果、自然と自分のご機嫌を自分でとれるようになるのです。

経営者がご機嫌であることは、社内の雰囲気にもつながり、会社が続いていくためにも大事なことです。

「自分がやりたいこと」をどのように見つけるのか

ジャーナリストを目指す先にあったのが「起業」

あなたの幼少期から今までを振り返ってみてください。

私自身、「やりたいこと」が、ある日、運命的に降ってきたわけではありません。

小学生の頃から自分の興味関心のあった、ジャーナリストを目指すなかで「何を伝える人になりたいのか？」を自分に問いかけ、自分の足で探し続けた結果、「日本の伝統を次世代につなぐ」という、この先ずっと情熱が絶えないであろうと感じることにたどり着いたのです。

さかのぼると、高校3年生のときに、ジャーナリストになるために必要な勉強をしたいという想いで、さまざまな大学の学部学科を調べている際に、慶應義塾大学の法学部政治学科が、自分の学びたいことを学べそうで、かつ、創設者の思想哲学に興味を持ったことなどが重なり、ここで学びたいと強く思いました。

ただ、いわゆる学校の勉強というのはあまり得意ではなく、自分らしく受験する方法がないかを調べたら、AO入試があることを知り、「これなら向いてそう！」と思い、受験し合格することができました。

このとき、ただラッキーで合格したわけではなく、どうしたらAO入試で合格できるかを徹底的に考え分析し、行動に移しました。

母と対話をしているなかで、AO入試は社会人の就職試験に近いと感じ、本屋さんの就職活動の本のコーナーで出逢った、坂本直文先生の就職活動の本を参考にさせていただきました。

また、本だけではなく、坂本先生から直接学びたいと思い、高校3年生だけれども、大学生向けの講座に参加させていただけないかとメールをしたところ、快諾いただき、講座に参加し学んだことも、合格という結果につながったと思います。

入学後は、大学1年生から2年生にかけて、まずは「テレビや新聞等の報道の仕事は、私が思い描く職業なのかどうか」ということをOB、OG訪問で確認することにしました。

そこでわかったのは、テレビのレポーターや新聞記者は、毎日起きているさまざまな事柄を伝える仕事であり、自分の好きなことだけを選んで伝えることはあまりできないということでした。

私がやりたかった「ジャーナリスト＝伝える仕事」を自身との対話で突き詰めていくと、「私が出逢った魅力的なことを、みんなにもぜひ知らせたい」という想いが強いことがわかり、いわゆる報道の仕事は、自分のやりたいこととは少し異なると感じたのです。

同時に気づいたのが、「伝える」という仕事は、既存のメディアだけに限らないということです。

そもそも自分が「何を」伝えたいのかを自問自答し、それを実現できる仕事を探そうと決めました。「これから一生をかけて伝えたいと思えるものを見つけよう」と可能性のある扉をすべて叩くつもりで、興味関心の赴くままに動いていったのです。

それから、イベントの司会者、電子工作に特化した雑誌や料理系フリーペーパーの体験型ライター、地域の魅力的な中小企業の経営者のインタビュアー、日本の伝統工芸の職人さんの情報発信をするフリーライターなどをはじめ、さまざまな伝える仕事を自ら探して開拓し経験しました。

日本の伝統工芸の職人さんに特化したフリーライターをやってみようと思ったのは、日本の伝統や職人さんのお仕事に魅了された経験があったからです。

そして、「私は何を伝えたいのかな?」と自分と対話をしながら、人生を振り返った際、思い出したのは中学、高校時代に所属していた茶華道部での記憶でした。

ある日、お茶室にいると不思議と心が落ち着くという感覚に気がつきました。「なぜだろう?」と考え、まわりを見渡すと、お茶室という空間が伝統工芸品で構成されていることに気がついたのです。

とりわけ感じたのが、職人さんが1つひとつ心を込めてつくった伝統工芸品は、「人の心を和《なご》ませる力があるのかもしれない」ということです。

「日本の伝統」を伝えることを仕事に

こうして時間をかけて自己との対話を進めていくことで、自分が伝えたかったのは「日本の伝統」かもしれないと思ったのですが、確信までは持てませんでした。

そこで、実際に日本の伝統を生み出してくださっている職人さんに会いに行き、自分の本当の気持ちを確かめようと思いました。

日本全国の職人さんに会いに行く決意をしたのですが、大学生が自分の興味関心のためだけに職人さんの時間をいただくのは良くないと思ったのと、時間はあるけれどお金がないのが学生の常。全国を回るお金もなく、はて、どうしたものかと。そこで考え続け、行き着いたのがフリーのライターという仕事でした。

ちなみに、フリーのライターには、どのようになるのかご存じですか？　今この瞬間から誰でもなれるのです。「私は、フリーのライターです」と言えば、そこからフリーのライターの人生ははじまります。ある種、私の個人事業主のはじまりとも言える瞬間でした。

フリーのライターとして仕事をするために、まずは職人さんを取材したいという想いのたけを書いて、日々、いろいろな大人に渡して回りました。

そのようななか、出逢った方が親身になって話を聞いて、企画書という体をなすためにともにブラッシュアップしてくださり、旅行会社のＪＴＢさんの会報誌で、若手の職人さんに取材する連載の仕事をいただけることになりました。

また、日本の伝統を伝えるだけではなく、私のようにその魅力を体感していただくことが大切だと思いました。そこで、日本の伝統の魅力を発信する国際人を育もうと、日本の伝統文化に興味がある大学生を集めた学生団体「和愛」を立ち上げ、日本の伝統をテーマにしたイベントを開催したり、講演会の講師として呼んでいただいたりと、活動の幅を広げていきました。

こうして、さまざまな経験や寄り道を通して、自分の素直な興味関心ごとが「日本の伝統」であることが見えてきて、「日本の伝統に特化したジャーナリストになろう」と運命が定まってきたのです。

起業で実現したいのは「日本の伝統を子どもたちに伝えること」

たどり着いたのは「子どもたちに日本の伝統を伝えたい」

あなたは起業を通して、誰に、何を伝えたいですか？

私は日本の伝統を、「誰に」伝えていきたいのか。

そう考えたとき、自分の内側から湧き上がってきたのは、「自分自身も含めて幼少期から日本の伝統に触れる機会が少なく、日本の伝統や先人の智慧《ちえ》を知らずに大人になった人が多いのでは。だからこそ、まず赤ちゃんや子どもたちが日本の伝統に自然と出逢える機会を生み出すことが大切なのではないか」ということでした。

そこで、就職先として赤ちゃんや子ども向けの日本の伝統産業品を扱う会社を探してみました。

なぜ、ジャーナリストを目指してきたのに、モノを販売する会社を探しはじめたのか。それは、赤ちゃんや子どもたちには、言葉で説明するよりも、まずは五感に訴えかけるほうが伝わりやすいと思ったからです。私は、伝えることに興味があるだけで、その形態にこだわりはないということを、自身との対話で気づいたのです。

就職活動を通じて、想いを実現できそうな企業を探し続けましたが、私が考えた赤ちゃんや子どもたちに日本の伝統を伝える、という活動を主目的にした事業を行っている企業は見つかりませんでした。

そこで、当時大学3年生の私に残された選択肢は、「あきらめてほかの仕事に就くか「職業として存在しないのであれば、自分で仕事を生み出す」かの二択でした。

当時の私には、自身との対話を繰り返し、ようやく見つけた「やりたいこと」を、そう簡単にあきらめる勇気はなく、やらないで人生を後悔するよりも、まずはやってみるという経験を選択することにしました。

そうして、日本の伝統を赤ちゃん・子どもの頃から五感を通して伝えるべく、「和える」を起業して〝0歳からの伝統ブランドaeru〟を立ち上げたのです。

現在、「和える」では、10以上の事業を展開していますが、〝aeru〟ブランドではモノを通して、〝aeru school〟では学びを通して、〝aeru room〟では空間を通して、といったように、すべての入り口＝事業で、日本の伝統を「伝える」ための仕組みを創出しています。

そのため、「和えるは何業ですか？」と聞かれるたびに、「ジャーナリズム業です」と答えています。

さらに言えば、私の社会的職業（社会から見た肩書き）は「起業家」ですが、自分的職業（自分自身の興味関心ごとの肩書き）は、自分が一番やりたかった「伝える」という仕事のジャーナリストのままなのです。

「日本の伝統を次世代につなげる」という一生をかけて伝えたいと思えることを、現在進行形でやり続けています。**あなたの自分的職業は何でしょうか？**

「やりたいこと」は言語化して発信し続ける

自分の気持ちに気づくためにも「暮らし」を整える

あなたの日々の暮らしは整っていますか？

自分の「やりたいこと」に気づくためにも、**まず「暮らし」を整えることが大切です。**

暮らしが整っていないと心も整わず、自分とゆっくり対話をすることが難しくなり、「本当は何がしたいのか」という自分の気持ちに気づきにくくなるからです。

毎日1分でも良いので、自分の素直な気持ちを聞いてあげる時間をとってみてください。「本当はこれがしたい」「これが好き」「本当はやりたくない」「断りたい」。いろいろな声が聞こえてくるはずです。

そうして、**自分と対話するなかで気づいた「やりたいこと」は言語化していき、それをまわりの人に言い続けるのです。**

言葉にして発信し続けると、「あなたは、これがやりたいのですよね」とチャンスが巡ってくる可能性が高くなるからです。

「やりたい」と言い続けると、向こうからやってくる

実際に私自身、「やりたい」と思ったことを言語化して、「こんなことができたらいいな」と言い続けることでチャンスをつかみ、「和える」のこれまでの事業につなげてきました。

講演会で「最近、私たちは教育事業を立ち上げました」とお話しした際、それを聞いてくださっていた方から、「数年前にお会いしたときに話されていた、矢島さんが

やりたかった教育事業がついにはじまったのですね。ぜひご一緒させてください」とお声がけいただき、実際にお仕事がはじまったこともあります。

「今、こんなことをやっている」という現在進行形はもちろん、「やりたい」という未来への願望も発信することで、誰かがその願いを聞いてくれていて、「それなら一緒にやりませんか」と声をかけてくださり、実現できることが多々あります。

そもそも、自分が起業して実現したいと思い描いている理想が現実になるなんて、最初は誰も信じてくれないことも少なくありません。自分自身ですら、半信半疑になっているかもしれません。ただ、もしそうだとしたら、絶対にうまくいきません。

まずは、あなたが自分のことをいちばんに信じてあげてください。「こんなことがやりたい！　絶対に実現させる！」と自分にもまわりにも言い続ける。ある意味、そうやって自分自身を洗脳することからはじまります。

やり続ければ、そのうち小さなことは実現するようになります。そうすると、さらに信じられるようになり、より実現できるようになる。雪だるま式に、実現できることのスケールが大きくなっていくのです。

「こんなことがやりたい」という情熱は、最初は「自分ならできる」という単なる思い込みでいいのです。その気持ちの強さと実行力によって、周囲にもその熱が伝わっていき、その想いに自然と周囲が動かされていくのです。

「やりたいこと」「得意なこと」「社会が求めること」の3つをたえず意識する

「社会が求めること」の視点がないと続かない

あなたの「やりたいこと」は社会が求めていることでしょうか?

「やりたいこと」の大切さをお伝えしてきましたが、「やりたいこと」だけでは事業を継続させることはできません。「やりたい」といくら言っても、「それは、誰が喜ぶの?」と言われるような需要を喚起できない商品やサービスだと、どれだけアピールをしてもお客様の目には留まらず、事業を継続することは難しいからです。

「社会が求めること」この視点が大切です

「どうすれば社会のためになるのか」「これからの社会で何が必要になるのか」という要素と、自分が「やりたいこと」と「得意なこと」のバランスを探り続けることが大事です。

とは言え、「とにかく仕事をつくらなければ！」と、目先のことに飛びつきがちな創業時によく陥るのが、社会が求めることに引っ張られすぎて、自身が本来「やりたいこと」の軸からブレてしまうことです。

「社会が求めること」は、お金になりやすいのと、すぐに喜ばれるのでうれしくて、ついつい手を伸ばしがちですが、これを続けてビジネスモデルを構築してしまうと、「できるけれど……」と、必ずしも自身が「やりたいこと」ではない事業が会社の軸になってしまいます。そうなると、ワクワクしなくて心が疲れやすく、つらくなり、結果的には継続できなくなるのです。

3つの視点で、起業で進むべき道が見えてくる

自分が「やりたいこと」「得意なこと」「社会が求めること」で、10年以上継続させている起業家の2人をご紹介します。

1人目は、株式会社坂ノ途中の小野邦彦さんです。「100年先もつづく、農業を」というブレない軸を掲げ、農薬や化学肥料不使用で栽培された農産物を中心に販売を行っています。提携農業者の約8割が新規就農者。少量不安定な生産でも品質が高ければ適正な価格で販売できる仕組みを構築することで、環境負荷の小さい農業を実践する農業者の増加を目指されています。

なぜ、小野さんがこの事業をはじめたのか。小野さんは学生時代、バックパッカーでアジア各地を旅行していたそうです。その際に、とくに興味を持ったのが遺跡でした。あるとき、遺跡は社会が終わった残骸なのだと気がつきます。

「社会は勝手に続いていくと思っていたけれど、そうではない。人間の歴史とは社会

を終わらせ続けてきたものなんだ」

この今までと違う視点を自ら「面白い」と思うと同時に、「長く続く社会と終わってしまう社会は何が違うのか」ということに意識が向いて、社会の持続可能性や、そこに大きな影響を持つ農業の仕組みを勉強しはじめたのが起業のきっかけだったそうです。

小野さんのパートナーの新規就農者さんは、規模は大きくない方がほとんど。安定供給や大量生産は苦手です。ですが、彼ら彼女らは、自分の意志で困難な道を選びました。一生懸命に試行錯誤を繰り返した結果、生産した野菜の品質は高く、バリエーション豊かな野菜を供給してくれるそうです。

小野さんはパートナーの少量不安定という弱点を消し、得意が活きる流通をつくってきました。「人の得意を引き出すこと」が小野さんの強みとのこと。小野さんはパートナーと互いの得意なことを最大限活かしながら、事業領域を広げています。

2人目は、株式会社Ridiloverの安部敏樹さんです。社会問題をツアーにして発信・共有するプラットフォーム「リディラバ」を2009年に設立。ブレない軸は「社会の無関心を打破する」。主な事業は社会問題の現場を旅する「スタディツアー」の企画運営で、300種類以上の社会問題のスタディツアーの実績があり、年間で1万人以上を社会問題の現場に送り込んでいます。また、安部さんは社会問題の専門家としてコメンテーターなども務められています。

安部さんが事業をはじめたきっかけは、高校生のときに原体験があるそうです。当時はとんでもない問題児だったそうで、「声をかけるのが怖い」「言ってもムダ」などの理由から、声をかけてもらえなかったそうです。でも本当は、「誰かが声をかけてくれないかな」と心のなかで思っていました。

あるとき、高校の同級生たちが安部さんに関心を持ち、東大合格に挑戦するプロジェクトをつくってくれたのです。みんなに関心を持たれることがうれしくて、頑張る原動力になり、その結果、見事、東京大学に合格しました。

この原体験から、「人が関心を持つことで、世界が変わるのでは」と思って大学時代にいろいろな社会問題の現場に行ったところ、同じように無関心の構造があることが見えてきました。そこで安部さんは持ち前のメタ思考力を活かし、社会問題を抽象化します。社会問題の構造がわかると、自分なりに再解釈し、再構築して「リディラバ」のコンテンツ化をしていきました。

ちょっとした関心を持つきっかけをつくることで、社会が変わると信じ、さまざまな社会問題の解決に向けて、日々の活動の領域を広げています。

このように、「やりたいこと」「得意なこと」「社会が求めること」の3つがちょうど良いバランスになるべく事業にすることが大切です。

「和える」の、〝0歳からの伝統ブランドaeru〟も、私が「やりたいこと」であり、職人さんが「得意なこと」であり、赤ちゃん・子どもたちに日本の伝統による本物を贈りたいという「社会が求めること」が重なっています。私が会社を継続できているのも、これら3つのバランスを意識してきたからだと感じています。

今あなたがはじめようとしている、またはじめている事業をあらためて、「やりたいこと」「得意なこと」「社会が求めること」の視点で見直してみてください。

3つすべてがそろっていれば、必ず継続できるはずです。もしも欠けている要素があれば、あきらめるのではなく、3つの要素のバランスを考えてみてください。そして実際に足を動かしてピースをそろえましょう。今すぐそろわなくても、アンテナを張り続ければ、いつか必ずピースがそろうはずです。

第2章

疲弊しない、自分を犠牲にしないための「仕組み」づくり

「個人のやりたいこと」と「仕事」を和える

「人生の時間」を増やすにはどうしたらいいのか

あなたは、自分が心からやりたいと思っていることをできていますか？

創業初期は、とくに事務的な仕事をはじめ「やるべきこと」が多く、それらに時間をとられがちです。また、人手も限られているので、何かと自分自身で対処しなくてはならず、「自分が個人としてやりたいこと」に注ぐ時間がどうしても足りなくなってしまう……。

これは起業して間もない経営者の多くが経験することです。ついつい仕事が最優先となり、結果、「個人としてやりたいこと」ができなくなってしまう、なんてことも少なくないでしょう。

しかし、経営者である以前に、「1人の人間としての時間」を大切にしないと、ご機嫌に経営できません。

どうすれば、「個人のやりたいこと」をないがしろにせずに全力でできるようになるのか。その秘訣は「個人のやりたいこと」と「仕事」を1つに和えることです。これらを和えると、人生のなかで自分の使える時間を増やすことができます。

「和える」と似ている言葉に「混ぜる」があります。「混ぜる」とは、異素材同士が、お互いの形を残すことなく1つになることです。いろいろな果物をミキサーに入れてミックスジュースをつくると、何の果物が入っていたかすべて特定するのは難しくなりますよね。

一方、**「和える」とは、異素材同士がお互いの形も残しながら、お互いの魅力を引き出し合い一つになることで、より魅力的な新たなものが生まれること**を指します。

「個人のやりたいこと」と「仕事」の重なる部分から仕事をつくる

1日24時間を最大限に活用するためには、「個人のやりたいこと」と「仕事」をどう和えるかが大切です。

「個人のやりたいこと」と「仕事」を和えるには、2つが重なる部分はどこかを考え、仕事をつくっていきます。

実際に「和える」の社員は、日々、「個人のやりたいこと」と「仕事」を和えています。

たとえば、社員から「乳幼児教育について学ぶために、社会人入学で大学に行きたいので、数年間、勤務時間を減らしたいです」という相談がありました。「大学での学びは仕事にも活かせるね」ということで、その社員は大学の授業に合わせてスキ間時間で働いて、学んだ知識を仕事で活かして活躍しています。

ほかにも、先日、ある社員と一緒に出張へ行ったときのことです。その社員は出張の帰りに、出張先近くに住む友人に会いに行くということで、その時間は休暇を取り、出張先から友人に会いに行くまでの交通費は自分で出していました。

このように、「個人のやりたいこと」と「仕事」が重なっていると、会社から出張先までの交通費を経費で申請することができます。

結果、「個人のやりたいこと」をするにも時間と金銭的な負担が少なく、「仕事」で自身のやりたいことや興味のあることに関わることもでき、一石二鳥でできることを社員も喜んでいます。


もっと大きな視点で言えば、私自身、「伝統を次世代につなぐ」という、「個人のやりたいこと」と「仕事」を和えて、起業したわけです。

「個人のやりたいこと」として、「伝統を次世代につなぐ」ことにボランティアで関わることもできたかもしれません。でも、仕事の片手間ではやりきれそうにないくらい、人生をかけてやりたいことだったので、中途半端になりそうだと思いました。

叶うのであれば、「伝統を次世代につなぐ」ことは「仕事」にしたほうが、より自分を動かす原動力も強いものになると感じました。

だからこそ、「個人のやりたいこと」と「仕事」を和えたほうが、一石二鳥で「自分の成長も早く、自分が理想とする美しい社会の到来も早くなるだろう」と思い、起業したのです。

「起業して忙しすぎる」という人は、あらためて「個人のやりたいこと」と「仕事」の重なる部分を見つけて、仕事を生み出していくという発想で現状を見直してみてはいかがでしょうか。

そうすると、どちらにも全力を注げる状態となり、「個人のやりたいこと」をあきらめることなく、「仕事」の目標も達成できるようになるはずです。

「個人のやりたいこと」と「仕事」を和えて取り組むと、限られた大切な人生の時間が、より質が高く納得のいく時間に昇華されていきます。

会社のコンセプトは1つであるべき

ブレない起業で大事なのは「一貫した1つのコンセプト」

あなたの会社のコンセプトは何ですか?

飲食事業、IT事業、イベント事業……とさまざまな事業を扱う会社があります。

1つの事業柱だけではなく、複数の事業柱を持つほうが、変化に強く、しなやかに経営を継続させられる可能性が高いです。

ただし、複数の事業を展開し、成功するためには重要な条件があります。それは、**すべての事業に共通する一貫した軸や明確なコンセプトを持つこと**です。この「ブレない軸」があれば、どの事業もまとまりを持って成長していくことができます。

次々と新たなビジネスをはじめた結果、そこに一貫したコンセプトがないと、「この会社は、いったい何をしたいのだろう？」と周囲からの理解を得にくくなります。

複数の事業を行っていても、「それをつなぐコンセプトは何ですか？」という問いに答えられれば、会社としての存在意義が明確になり周囲の納得度も高まります。

ビジネスモデルは複数でも、会社のコンセプトは1つ。それは、起業の継続確率を高める重要な条件の1つです。

また、これは外から見た会社の印象のみならず、社員にとっても、自分たちが何のために働いているのかを、常に見失わず能動的に働きやすくなる秘訣でもあります。

そのため、事業をスタートするにあたって、「どの事業にも共通する、会社として一貫したコンセプトは何なのか」ということは、必ず言語化しておくべきです。

創業時とは一見すると異なるビジネスをしているように見えて、良い意味で本質的には変わっていないという会社もあります。

たとえば、私の友人で、ＰＯＳのレジアプリを4万店舗以上に提供している会社・ユビレジの木戸啓太さんもそうです。

木戸さんは、高校生の頃から漠然と起業したいという気持ちがありました。また、大学時代に、10代以上続いた家業のお米屋さんが廃業したのを目の当たりにし、長く続く社会インフラになるような事業を立ち上げたいという想いがあったそうです。

どんなことが自分に向いているかを確かめるため、大学時代は工事現場やバーテンダーから、データ分析、営業まで、業種にこだわらずにいろいろな職種のアルバイトを経験。そのときの経験が後々のサービスの提供に活きてくるようになります。

アルバイトで貯めたお金を元手に「不動産検索」の会社を立ち上げたものの、事業をはじめる前に大きく方向転換。当時、「iPad」が発売されることを知り、ＢｔｏＢの現場で使われるようになるはず、と直感が働いたそうです。

それまでのアルバイトの経験から、とくにサービス、小売りの分野で提供できることが何かあるのではないかと構想を練り、iPadでレジができるアプリ「ユビレジ」を開発し、今に至ります。

ユビレジのサービスを軌道に乗せるまでの間は、本業のかたわら、ゲームのアプリを開発したり、データ分析の仕事をしたりして、そこで得た資金をユビレジの開発に投じながら、事業を育んでこられました。さまざまな寄り道をしながら、運命のような今の事業にたどり着かれました。

木戸さんのように立ち上げた事業の業種や扱う商品のジャンルが異なっていても、その根底に「サービス産業のデータインフラを整備する」という一貫したミッション（思想哲学）が流れていれば、その表現方法は変わってもいいと私は考えています。私は、このことを「**入口は複数あっても、出口は一つ**」と表現しています。

たとえば、「和える」がリブランディングで関わらせていただいた会社では、「眼鏡事業」「野菜事業」「手紙事業」など、さまざまな事業に取り組んでいます。一見するとそれぞれ無関係に見えるこれらの事業ですが、詳しく聞いてみると、すべてが「地球を守る」という共通のテーマ＝出口でつながっていることがわかりました。

「和える」も会社の成長にともない、業種の垣根を越えた事業を展開しています。

〝0歳からの伝統ブランドaeru〟、ホテルや旅館等の一室をプロデュースする〝aeru

room〟、企業の持つ伝統をひも解き、次世代へのつなぎ方をともに策定する〝aeru re-branding〟、日本の文化を通してさまざまな教育プログラムを提供する〝aeru school〟など、10以上の事業を行っています。ただし、どの事業＝入り口からでも出口はすべて創業時の想いである「日本の伝統を次世代につなぐ」という1つのコンセプトに行き着きます。

また、これらの事業は増やそうと思って増やしてきたわけではありません。「伝統を次世代につなぐ」というコンセプトで自分たちにできることを考えた際に、「お客様のライフスタイルやライフステージに合わせて、日本の伝統との出逢いを生み出すには、こういう入口も必要だね」というふうに事業が増えていきました。

さらに、複数のビジネスモデルがあることは、リスクヘッジにもつながります。不測の事態への備えとも言えます。

それを実感したのはコロナ禍で、対面でのコミュニケーションが制限されたときのことでした。緊急事態宣言によって行動が制限され、宿泊業界が大きな打撃を受けました。その影響で、空間プロデュース事業〝aeru room〟は完全に停止し、大きな影響を受けました。

もしも、それしか事業がなかったら、会社はなくなっていたかもしれませんが、ほかの事業で生き残ることができたのです。

そのようなピンチを乗り越えて感じたのは、**先の読めない時代、一貫したコンセプトのもと多様なビジネスモデルをアメーバ的に持つことで、変化に強く、しなやかに生きられる会社に育むことができる**ということです。

10年以上続けられたのは「三方良し」を実感できる仕事をしているから

ビジネスでは常に「三方良し」を意識する

あなたのビジネスは「三方良し」になっていますか?

自分が望む未来のために創業するというのはとても大切なことですが、「自分のため」だけでは弱く、やはりビジネスは他者や社会からのニーズがないと事業を継続させることはできません。

そのため、自社の望むことに加えて「本当に求めている人はいるのかな」「本当に社会の役に立つのかな」という、**自分、相手、社会の三方が喜んでいる状態、「三方良し」**を私は常に意識しています。

「三方良し」とは、諸説ありますが、江戸時代頃から全国に広がった近江《おうみ》商人が商売の心得として大切にしていたと言われている言葉です。仕事の基本は「売り手良し、買い手良し、世間良し」という三方が満足している状態を考えることからはじまる、という考え方です。

さらに、この言葉が本質を突いていると感じるのは、「世間良し、相手良し、自分良し」ではなく、「自分良し、相手良し、世間良し」という順番で語られている。つまり、自分を起点に物事を考えているところです。

私はそれが仕事を長く続けられる秘訣だととらえており、先人の智慧とも重なる、その順番を意識しています。

「起業したいのですが、どんな勉強をしたらいいですか」

「どうしたら、起業がうまくいきますか？」

「継続するポイントは何ですか？」

これらは「起業」というテーマで講演をする際に、とてもよく聞かれる質問です。

起業したいけれど、起業したものの、経営のことはよくわからないという人の多くは、ビジネススクールに通ったり、独学で勉強したりして、経営やビジネス、マネジメントに関する知識やスキルを学び、経営者にとって必要な知識を体系的に身につけようとします。

もちろん、それ自体はプラスになることも多いでしょう。しかし、それよりももっとシンプルで大事なのは、「三方良し」を忠実に守ることです。

売り手良し、買い手良し、世間良しという「三方良し」になっていれば、経営を長く続けていくことができる。

「三方良し」で自分、相手、社会、みんなが「良かった」と思えるというのは、自社の利益が上がる、関係する相手にとっても良いことがある、社会にも必要とされている、というビジネスが継続される要素を満たしているからです。

このシンプルな経営哲学は、社会人経験がないまま起業し、経営どころか働くということの経験も浅かった私でも実践することができました。結果的にも「三方良し」

を意識してビジネスモデルを構築し、10年以上会社を存続させることができているのです。

そして、経営を続けるうえで大事なことを、ひと言で表した先人のすごさを、日々噛み締めています。

普遍的価値のある事業を意識することで、応援される存在になる

私が経営を通して目指しているのは、多様な関係者がいるなかで、「三方良し」を実現し、経営の不協和音や無理がない状態です。これを私なりの表現にすれば「**美しく稼ぐ**」です。

私は次世代の起業家育成を目的とする、中学生や高校生、大学生を対象とした起業家講座で「三方良し」の考え方を常に伝えています。

こういった講座では、「こんなビジネスで成功した」という成功事例の話をされる経営者も多いです。しかし、最近の若い世代は、ビジネスの成功＝単にお金を稼げたということに重きを置かない人が増えているように感じます。稼ぐことだけが目的で

はない新しい価値観を持つ世代が生まれてきているのです。

誰かを何かを犠牲にして自分だけが利益を得るようなビジネスには共感せず、また、自分の気持ちをごまかさない。その素直さを大切にすることが、次世代の働き方や価値観なのですね。だからこそ、売り手、買い手、世間、そしてさらに環境や未来の人のことなども考える「三方良し」という言葉が響くのだと思います。

ここで、まさに「三方良し」でビジネスを成功させている起業家を2人紹介します。

1人目は、株式会社オリィ研究所の吉藤健太朗さんです。高専で人工知能を学ばれた後、早稲田大学創造理工学部へ進学。ご自身の不登校の体験をもとに、分身コミュニケーションロボット「OriHime」を開発されました。コンセプトは「心を運ぶ車椅子」。この功績から2012年には「人間力大賞」準グランプリを受賞されています。開発したロボットを多くの人に使ってもらうべく、株式会社オリィ研究所を設立。ご自身の体験から「ベッドの上にいながら、会いたい人と会い、社会に参加できる未来の実現」を理念にされています。

「OriHime」にはカメラ・マイク・スピーカーが搭載されており、スマホやタブレット、PCなどからインターネットを介して操作し、会話をしたり、置かれた場所の様子を見たり、写真を撮ったりできます。また、首を上下左右に動かしたり、手を挙げたりと感情を表す動作もできます。

オリィ研究所の分身ロボットカフェ「DAWN Ver・β」は、外出困難な方々が「OriHime」を遠隔操作し接客するカフェです。障害を持っている方など外出ができない人の新たな働き方を研究・開拓することを目的とされています。

私も実際に子どもと一緒に行ってみましたが、ロボットを通じてその先にいる人と会話をするという楽しさを実感しました。ロボットは人の仕事を肩代わりするというイメージが強いかと思いますが、ロボットが人と人とをより深くつなぐという思想哲学から、とても美しい未来を感じました。

もう1人、紹介します。株式会社バイオームの藤木庄五郎さん。創業準備期間2年、創業8年目を迎え、10年目に向かって邁進されている企業です。衛星画像解析を用いた生物多様性の可視化技術を開発されました。

藤木さんはボルネオ島の熱帯ジャングルにて2年以上キャンプ生活をするなかで、環境保全を事業化することを決意しました。博士号取得後、株式会社バイオームを設立し、代表取締役に就任。

生物多様性の保全が人々の利益につながる社会を目指し、世界中の生物の情報をビッグデータ化する事業に取り組まれています。データを活かしたサービスとして生きもの図鑑アプリ「Biome」を開発・運営されています。

環境保全を考えるうえで、「環境を破壊すると儲かる」ではなく、「環境を守ることで儲かる」モデルケースをつくらなければ、大きなインパクトや結果を残せないのではないか。環境保全を行って同時に儲けられるのなら、まわりも真似をするはず。自身が先陣を切ってモデルケースをつくることで、ほかの企業も参入するようになれば、大きな社会変革になる、と考えたそうです。

このお二方のビジネスは、私はとても美しいと感じています。それぞれ、ご自身の原体験から生まれており、社会の課題をポジティブに解決していく。それがまわりの人にも広がり、社会が変わっていくきっかけと仕組みを提供しているからです。

普遍的価値のある事業を意識することで、応援される存在になっているからこそ、両者とも創業の想いからブレずに事業を継続しながら、理想とする未来を現実に変えていっているのです。

「三方良し以上」で誰も犠牲にならないビジネスモデルをつくる

自社のサービス同士が相反しないようにする

あなたのビジネスは「競争」ではなく「共創」になっていますか？

社内に事業内容が似ている部署があったり、同じ顧客層をターゲットにしていたりするなどをはじめ、自社の商品やサービスが競合になって売上を競い合うことは起こりがちです。

「和える」では、まず競い合うことになる事業は、やらないことにしています。社内で争わなくて済み、むしろ、すべての取り組みが相互に関係し合うことにより、日本の伝統を次世代につなぐ、より良い循環、共創を生み出す仕組みを育んでいます。

では、なぜ事業が互いに競い合うことにならないかというと、ビジネスモデルを生み出す際に、**「三方良し以上」**を意識しているからです。

ここでの「三方良し以上」というのは、いわゆる売り手、買い手、世間の三方に加えて、自然界や未来の人々など、想像し得る限りのさまざまな関係者に想いをはせることを「以上」と表現しています。

ビジネスモデルを決めるときは、必ず「三方良し以上」になっているかを判断軸の1つとしています。

この軸で判断しないと、自社の都合ばかりに偏ったり、取引先ばかり優位になったり、または評判は良いけれど何かしらの理由で継続できないというビジネスモデルになりがちだからです。

値づけの際も「三方良し以上」を意識する

「社会の役に立ちたい」という想いが強すぎて、値づけの際、「世間」に偏りすぎると、商品を少しでも安く提供しようと、身を削って商品の価格を下げるというケースも少なくありません。

想いばかり先行してそのまま売ると、利益が出ないことも……。すると、事業として続かないビジネスになるので、結果として継続できなくなり、かえってまわりに迷惑をかけてしまうということにもなりかねません。

そのため、自分たちが身を削らなくてもいい価格、つまり持続可能な適正価格で商品を提供して、会社の想いに共感してくださるお客様に買っていただく、という覚悟も大事です。

そのような点からも、私たちは「誰に、何をいくらで提供するのが適切か」ということを、「三方良し以上」で考えています。

たとえば、〝aeru〟ブランドで5000円の商品を売るのであれば、自社、職人さん、お客様、未来の人々、それぞれの「三方良し以上」を考える必要があります。

自社と職人さんが継続でき、未来の人に日本の伝統をつなぐために算出した、5000円という価格は変えられません。

とは言え、お客様に高いものを売りつけているわけではなく、その価値は十分にあると私たち自身が納得していますし、お客様にも5000円の価値を納得していただけるように伝えることで、「三方良し以上」は成り立ちます。

このようにして、**「三方良し以上」で値づけをし、「この価格で買う人がどこにいて、どのようなストーリーと、デザインと、お伝えの仕方であれば選んでいただけるか」を徹底的に考えています。**

「三方良し以上」を意識すれば、誰も犠牲にならないかたちでビジネスモデルをつくることができます。

「やりたいこと」で食べていくためのビジネスモデル

「稼ぐ仕組み」は先人の智慧に学ぶ

あなたは、先人の智慧からどのようなことを学んでいますか?

「やりたいことで稼ぐには、どうしたらいいでしょうか?」

私は講演会やセミナーなどで、よくこのような質問をいただくことがあります。

まず、**「やりたいこと」と「稼ぐこと」を両立させる視点が重要です。**

そのためには、誰かがつくった仕組みのなかで働くのではなく、自ら生み出した仕組みでお金を稼ぐという経験がとても大切です。

自ら事業を生み出す経験値が少ないと、稼げているか否かはあまり考えずに、とりあえず働くことで安心感を得てしまう人が多いように感じます。それだと、どこかで行き詰まってしまいます。

そのため、「和える」でも入社間もない時期の社員が考えたビジネスモデルには、「やりたいことはわかったけれど、誰がお金を払って、そのビジネスはどうやって成り立つの？」と指摘することが少なくありません。

そこで、美しく稼げるビジネスモデルをつくれるようになるために、「稼ぐ仕組み」をケーススタディで学ぶことからはじめます。

私自身も、さまざまな企業のケースから学び、「誰に、何を、どのような価値提供をすれば、やりたいことで稼げるようになるのか」という構造が見えるようになってきました。

私のビジネスモデルのケーススタディとの最初の接点は、小学生の頃です。

「このお店はどうやって成り立っているのかな」と、顧客として行ったお店のビジネスの仕組みについて想像し考えを巡らせることが好きでした。

たとえば、家族でレストランに行った際、ホールで働くスタッフの人数を数えて、「このメニューの単価だと、人件費を考えると◯人くらいで回すのが良いのかな。時間帯でスタッフの数が異なるのかな。ほかにも系列のレストランがあるのかな……」などということを、よく父と話していました。

そうすると、今度はフランチャイズビジネスにも興味を持ち、フランチャイズの企業を調べて、「この企業はターゲット層が違う別のブランドを展開することで全世代を取り込んでいるんだ、面白いな」と考えたりもしていました。

大人になってからも、街を歩きながら「どんなビジネスモデルなのだろう?」と考えることは習慣になっています。

誰もが、日常のなかで自然とさまざまなビジネスモデルに出逢っているはずです。**実際に自分が利用したり、利用した人の意見を聞いたりして、「どういうビジネスの仕組みで稼いでいるのか」「なぜ、人々に選ばれているのか」などの仮説を立てると、自身のビジネスモデルの引き出しを増やす思考のトレーニングになります。**

ビジネスモデルを学ぶ王道は「キャッシュポイント」をつかむことから

そのビジネスのキャッシュポイントはどこにあるか？

あなたは、ビジネスモデルを生み出すセンスがありますか？

ビジネスモデルを生み出すには、ひらめきの前に蓄積が重要です。

ビジネスモデルをケーススタディで学ぶ王道は、企業の事例集をまとめた書籍や雑誌などを読むことでしょう。

私が好きなのは、ダイヤモンド経営者倶楽部が編集している『レガシー・カンパニー』シリーズ（ダイヤモンド社）です。さまざまな企業がクローズアップされ、1社につき数ページで企業情報や事業内容、創業から現在に至るまでどう発展したのかがわかりやすく紹介されています。

もし、「やりたいことで稼ぐ仕組み」が見出せていないとしたら、キャッシュポイントや収益が生まれる構造をつくるという発想の蓄積が足りていないからだと思います。

『レガシー・カンパニー』シリーズを読むと、「なるほど、メインは会員制ビジネスモデルでお金を得ているのか」「サブスクリプション型で稼いでいるんだな」とさまざまな企業のキャッシュポイントのつくり方を学ぶことができます。

キャッシュポイントをもとに、「その企業は自社のコンセプトをどのように継続させようとしているのか」という全体のビジネスモデルの枠組みをとらえていきます。

「この企業は、お客様の心理をどのようにとらえて、何を提案して自社のコンセプトを大切にしながら稼いでいるのか」と推理していくことで、自分のやりたいことで稼ぐために、どうやってキャッシュポイントをつくるのかという思考が鍛えられていきます。

これは、ふだんの暮らしのなかでも同様です。

たとえば、「サブスク型のお弁当の宅配サービスが急に増えた」というニュースを見て、「便利でいいサービスだな」で終わる人と、「急に増えたけれど、その要因は何だろう？　どういう人が顧客なのだろう？　どれくらいの利益率なのだろう？」と興味を持つ人とでは、ビジネスに対する解像度が変わってきます。

書籍などで蓄積したビジネスモデルのケースを念頭に、あらためて日常のなかで出逢うさまざまなビジネスをひも解いてみると、より学びが深まり面白くなります。

自分が「やりたいこと」で食べていくためのビジネスモデルを自由自在に生み出せるようになったら楽しいですよね。練習あるのみです。

「最低限の年商」と「心地良い年商」を最初に決めておく

その売上目標の根拠は何ですか？

あなたは、年商いくらの会社になると幸せですか？

本来は売上5000万円で経営が成り立つ会社なのに、前年度より売上を上げることが良い経営だと思い込み、7000万円、8000万円、1億円……と毎年売上を伸ばし続けなければならない。そう考えて、必死に売上をつくろうとする経営者は少なくありません。

「売上を上げたい」という気持ち自体は否定することはまったくありませんが、経営の目的が売上を上げることになってしまうことには注意が必要です。

売上を上げる前に大切なのは、**まず「どこまで成長できれば、不必要に事業の売上を伸ばす必要がないか」というラインを知ること**です。売上の拡大が目標になると、経営者以上に社員は「何のために、この仕事をしているのか」という目的を見失い、経済の奴隷になりかねません。

「これだけ稼げば会社は回っていく」というライン、つまり最低限必要な年商、個人であれば年収を把握しようとせず、従業員数や店舗数を増やし続ける、給料を上げ続けることが正義だと錯覚し、本来の会社の創業の想いを継続させることよりも、ただ売上を伸ばし続けることに躍起になる……。このように、あてもなく走り続けてしまうと、息切れしてしまい、どれだけ稼いでも、永遠に心の安寧は訪れません。

では、そのゴールはどこにあるのでしょうか。

自分の「最低限必要な年収」も決めておく

「これだけ稼げば」というのは、経営者1人だけの会社や個人事業主にもあてはまります。たとえば、最低限必要な年収を把握せずに、「なんとなく年収1000万円を目指したい」などと、漠然とした目標のために、休みなく働いて心身ともにすり減っている人も少なくないでしょう。

本来ならば、そこまで稼ぐ必要がないのに、「年収1000万円」という根拠のない目標のために、自分のプライベートな時間を削ってまで、自分を酷使しているとしたら……。

本来は、やりたいことを実現し継続するために、お金を稼ぐはずでしたよね。起業の手段と目的が入れ替わらないためにも、今一度、**「自分は、何のために起業したのか？」という起業の原点、動機に立ち返ってみてほしいのです。**

そして、**「最低限必要な年商」と「心地良いとする年商」の両方を定めましょう。**

そもそも、「これ以上、事業を伸ばす必要はない」というラインを知っていて、自社の商品やサービスを必要十分なお客様に届けられ、社員も心身ともに豊かに暮らしていくことができ、会社が成り立っているのなら、それはもう立派な優良企業です。

大事なのは、**足るを知ること。**ここまで事業を伸ばすことができれば十分というラインを守ることです。

同時に、**「心地良い」**を決めることで、現状とはどれだけ差分があり、売上をどれくらい伸ばせば近づくのか、それは今の事業でいいのか、それとも抜本的な見直しが必要なのかということが、自ずと見えてきます。

最低限と心地良い年収を決めると、「どう働くべきか」が見えてくる

「最低限」と「心地良い」というのは、経営者も社員も同様です。

「これだけは稼がないと生活できない」という最低限の年収と、「ここまで稼げれば十分」という心地良い年収を決めることで、無理のない、けれどもこれくらいは頑張ろうという**働き方の上限と下限**が見えてきます。

たとえば私は創業時、最低でも年収500万円は稼ぎたいと思ってはじめました。自分ひとりがまず心豊かに生きていくために、生活するだけではなく、自分のやりたいことを躊躇なく自分で応援してあげられる暮らしをするには、それくらいは必要だなぁと思ったからです。

さらに余白を持って家族や大切な人の「やりたい」を応援できる、心地良い年収は700万円以上かなとイメージしていました。

このように自分のなかでの「最低限」と「心地良い」年収を決めることで、どう働けばいいのかが見えてきます。

いったん決めた最低限の年収と心地良い年収は、その時点の仮説です。たとえば家族構成が変容した、新たに目指すものができたなどで、年収の設定は柔軟に変えていくべきだと思います。

ただ、今の時点で一度決めることが大切です。決めたら、まずはその年収に見合う働き方をしていくことで、経済的のみならず、人生的な納得感も満足感も高まっていくことでしょう。

1週間のうち何日休んで、1日何時間働くのかを最初に決める

起業家の前に1人の人間

起業家と言えば、ストイックな性格で、家族との生活をかえりみずバリバリ働く、とくにそれが女性起業家ならば「バリキャリ女性」をイメージする人もいるかもしれません。

なぜ、「女性起業家＝バリキャリ女性」というイメージがあるかというと、これま

での社会で女性が活躍するには、男性が構築した仕組みのなかで、男性と同じ働き方が求められてきたからだと思います。

女性起業家の先輩のなかには、「妻」や「母親」としての役割をほぼ捨てて男性社会を生き抜き、事業を成功させてきた方も少なくありません。その方々の功労もあり、今、女性が社会で働くということが当たり前になりつつあります。

そのようななか、「私はバリキャリタイプではないから、起業家に向いていないのかもしれない」などと思っている人に伝えたいのは、**起業家だからと言って、肩肘張って仕事ひと筋で生きる必要はないということです。**

休むときは休んでいいのです。起業家の前に、1人の人間であることを忘れないでください。

テクノロジーの発展や社会の仕組み、人々の考え方の変容により、自分の仕事以外の人生の時間も大切にしながら、会社を経営できる時代がきていると感じます。

では、1人の人間としての暮らしを大切にしながら働くには、どうすればいいのか。

まず、「1週間のうち何日休むか、1日何時間働くのか」を最初に決めることです。

「この時間は休む、この時間は働く」と決めてから、その時間内に収まるようにしていくと、自分の暮らしや家族との時間を犠牲にすることなく働けるようになります。

私自身も「猛烈に働いている」という感覚はなく、「妻」や「母親」という役割を捨てることなく、生きて・働けている感覚があります。

はじめてお会いした方から「女性起業家というと、もっと強い人を想像していましたが、矢島さんはおだやかな雰囲気の方ですね」と驚かれることもあります。

先日、大学のキャリア教育の授業で「起業」について講演をしたときには、ある女子大生から「矢島さんみたいな起業家がいるとわかったら、自分も起業家を目指してみようかなと思いました」というお声をいただくこともありました。

無理なく働けるスタイルでないと続かない

無理なく働きましょうと言っても、何が無理で何が無理でないのかは、ライフス

テージによっても異なります。だからこそ、自分でそのつど自分と対話して決めていく必要があります。

たとえば私は、20代の10年間は自分に投資すると決めていたので、自分のために思いきり時間を使っていました。

30代に入ってからは、人のために時間を使おうと考えていました。ちょうど結婚もして新しい家族ができ、「妻」や「母親」という新しい役割も加わり、すべての時間を自分のためだけに使うことがなくなりましたが、自分で納得してやっているので、新たな役割も楽しめています。

その結果、「1週間のうち3日休んで、1日6〜8時間働く」と最初に決めて、その時間内に収まる働き方をするようになりました。

ただ、1日のどこかで社員の仕事の進捗を確認したり、社外取締役や顧問などとしてほかの会社の仕事をしたりしていることもあり、平日は丸一日休みを取ることはあまりありません。

週に半日勤務を何日間か入れて、トータルで最初に決めた1週間に3日休んで、1

日6～8時間で収まる働き方となっているのが今のところの現実です。

そのため、次の目標は、平日も丸一日休める日をつくることです。それも、また同じように「どれだけ働いて」「どれだけ休むか」という具体的な目標を決めて、実現するためにどのように仕組みをつくるのか、組織を育むのか、段階を追って整えていきたいと思っています。

再現性のあるビジネスモデルで、余裕を持って働けるようにする

自分がいなくても回る仕組みをつくる

あなたの会社は、あなたに依存していませんか？

ゆとりを持って働くには、属人性の高い業務の割合が多いビジネスモデルにならないようにすることもポイントです。

創業間もない1人企業や個人事業主の方からのご相談でよくあるのが、気がついた

ら、自分しかできない仕事ばかりになってしまい、自分で自分を休めない状況に追い込んでしまっていたというケースです。

自分以外にその仕事をできる人がいないと、「自分が休むと業務が止まってしまい、まわりに迷惑がかかってしまう」と考え、経営者は労働基準法の対象外のため、働いた分だけ稼げるということもあり、無限に働いてしまいがちです。

そしてキャパシティオーバーになった結果、健康上の問題が生じたり、精神的につらさを感じたり、ということは往々にして起こります。

そうならないためにも、属人性が高いビジネスモデルから脱却して、自分がいなくても成り立つ再現性のある仕組みを考えることが大切です。

実際に私自身、「自分がいなくても成り立つビジネスモデルをつくろう」という意識を創業時から強く持ち、自分しかできない仕事をなくすことを目指して、ビジネスモデルの設計や社内の人材の育成をしてきています。

経営者にとって心身ともに健康であることは何よりの資本であり、経営判断をする立場の自分が体や心を壊してしまえば、事業を長続きさせることはできません。

自分の暮らしや家族との時間を大切にしながら、体力的にも精神的にも、ゆとりを持って働けるような働き方やビジネスモデルが大事なのは、このようなことからもわかるでしょう。

すべてを自分でやろうとせずに、得意な誰かに任せる

「社内の責任ある仕事は、すべて自分が関わらないといけない」

「どの業務も、社内の誰よりも自分ができる存在でいるべきだ」

「ほかの人に任せるより、自分がやったほうが早い」

経営者の多くはそう思い込んで、1人で仕事を抱え込んでしまいがちです。

ただし、得意なことならまだしも、抱え込んでいるのが苦手なことならば、時間がかかるので結果的に非効率です。

いっそのこと、苦手な分野は得意な人に任せて、自分は得意なことに注力し、生産性を上げるほうが本当の意味で効率的です。私も苦手なことは得意な人に任せて、自分が好きで得意なことに注力するようにしています。

そもそも、仕事漬けではパフォーマンスが上がらないと考えており、最初からすべてを1人で抱え込もうとは思っていません。

会社という組織にするのであれば、自分より得意なことがあり、尊敬できる人とともに働くと決めていました。

また、得意な誰かに任せることは、社員の成長を育むことにもつながります。

「自分がやるしかない！」と思い込んで仕事を自分で引き受け、働きすぎる経営者もいますが、それは社員が育つ機会を奪ってしまっているとも言えます。

そのような考えもあり、私はなるべく何でも自分で手を動かしすぎないということを意識しています。それくらいが、ちょうど良い気がしています。

仕事を小さく分けて、自分がやるべきことに集中する

自分がやるべきことと、そうではないこと

あなたは、仕事をしないための努力をしていますか?

経営者が仕事に忙殺されてしまうケースに、ほかの人ができる仕事まで抱えてしまうということは少なくありません。

それを防ぐにはどうすればいいのかというと、**目の前の仕事を大きな塊としてとら**

えるのではなく、小さく分けて考えるのです。

たとえば、新商品の開発というプロジェクトを成功に導く際、「プロジェクトマネジメント」を1つの業務としてとらえるのではなく、「アイデアを出す」「実施計画を立てる」「計画にもとづいて実行する」「課題が生まれたときに対処する」「振り返りをする」といった要素に分解していきます。

すると、「これは得意だから、自分でやったほうが早いな」「これは苦手だから、お願いしよう」と自分がやるべきことと、そうでないことが見えてきます。

小さく分けて考えることで、事業が成長しても仕事に忙殺されることはなくなり、むしろ、組織が成長すれば成長するほど、人に任せられることが増えていきます。

「和える」の社員にも、**仕事を細分化し、自分でやること、人にまかせることを仕分けすることの大切さ**はよく話しています。

自分の得意を伸ばせるポジションに就くことを志願してもらっているのは、役割分担をする際に、このことを意識しているからです。

ただ、そのためには、1人ひとりが、自分の得意なことと苦手なことを把握している必要があります。

こちらが社員の得意、不得意を見抜くことも大事ですが、自分自身でないとわからないことも少なくないので、入社時に「私はこれが得意です、苦手です」ということを自分から伝えてもらうようにしています。

結果的に、自分の得意、不得意を知ったうえで動ける社員はやはり良い仕事をします。

経営者が仕事を抱え込んでしまっては、会社の成長が鈍化します。

経営者がやるべきは、社員が力を発揮できる環境を整え、任せる仕組みをつくること。そうして生み出した時間で、本来の仕事である意思決定に集中する。その先に、組織としての成果が生まれるはずです。

第3章

お金には「色」がある

経営者は常にお金のことを考え続けなければならない

「会社のお金について考え続ける精神力があるか」を自問自答する

あなたは、会社のお金と日々向き合っていますか？

経営者の大きな仕事の1つは、会社にまつわるお金を把握し、会社の存在意義を見失わずに、存続するべく意思決定をすることです。

にもかかわらず、「お金のことは会社がある程度大きくなってから考えればいい」

と、想いだけで起業する人は少なくありません。

また、性格によっては、資金繰りについて考え続けること自体がつらいという方もいます。なかには、お金のことで悩み体調を崩す、精神を病んでしまい、経営を他人へ譲渡した方もいます。

そうならないためにも、まず起業するにあたって、**「お金と向き合い、工面し、手当てし続けることに耐え得る精神力を持っているかどうか」を自問自答してみてください。**

もし自分ひとりでは、とても耐え得る精神力がないと思ったら、早いうちから会計士や税理士などの外部のパートナーと手を組むという方法もあります。

とは言え、経営自体はやはり自身で行う必要があるので、適性がないと思った場合は、適性のある人材を見つけて全面に出てもらい、自分はナンバー2として参画するというのも1つだと思います。

私自身も、起業して経営を続けているなかで、経営者は常にお金のことを考え続けなければならないことを身に染みて実感しています。「来月の資金は足りるのだろうか」という考えが頭をよぎる場面も多々あります。創業から10年を超えても、お金のことを考えなくていいという日はありません。

経営者でいる限りは、常にお金のことは隣り合わせであり続ける覚悟を持つ必要があります。

困難を乗り越えられるのは、覚悟があってこそ

中小企業庁のデータによれば、ベンチャー企業の生存率は5年後に15%、10年後に6・3%だそうです。

日本は未だに起業時には個人保証（中小企業が金融機関から融資を受ける際、経営者が連帯保証人になること）が求められることが大半で、事業がうまくいかない場合、経営者個人の財産が取り立ての対象となります。

その現実を知り、起業とはそんなに簡単な世界ではないことを理解しつつも、それでも挑戦したいと思えることに出逢えたからこそ、私は、大学卒業を控えた2011年3月に起業しました。

起業当時、「仮に事業に失敗しても、振り出しに戻るだけ」という感覚でした。仮に振り出しに戻っても、経験値はたくさん得られるはず。それであれば、一生に一度きりの人生、挑戦しないより挑戦する選択をしたい。そう考えていました。同時に、やるからには100年以上続く企業を目指したいという想いもありました。

「和える」の最初の事業である〝0歳からの伝統ブランドaeru〟の商品は、長く愛用していただける普遍的なデザインが特徴の1つです。

ただし、世の中のトレンドを意識した商品ではないので、こちらが何もせずとも、ブームに乗ってどんどん売れる……というわけではありません。

だから、「どうしたら、商品の魅力がもっと伝わり、安定的に販売し続けることができるのだろうか」と考え、地道な努力を続けるのみ。

山あり谷あり、もうダメかもしれないと思うこともありました。

それでも今もなお経営を続けることができているのは、お金と正面から向き合い、工面し続けることに耐え得る精神力を持っていたからだと思います。

もちろん、これはひとえに私の精神力によるものだけでなく、社員がともに努力し、成果が出るまで続けてくれて、また創業時から応援してくださっている方々が温かく見守り続けてくださっているからこそです。

何よりも、「日本の伝統を次世代につなぐことで、優しい人を増やす。結果として、美しい社会で生きることを実現する」という信念のもと、自分たちがしていることは正しいと信じ続けられているからです。

どのようにして、その信念を維持し続けられるのか。その秘訣は、自分と約束すること。そして、尊敬する誰かと心から約束をすることだと思います。

私は大学時代に日本全国の伝統産業を巡るなかで、多くの尊敬する職人さんに出逢いました。私はその職人さんと「日本の伝統を次世代につなぐ」という心からの約束をしたのです。だからこそ、ちょっとやそっとではブレない軸、信念を打ち立て続けられているのです。

あなたもブレない軸、信念を貫き通すことを、自分との約束はもちろん、尊敬する誰かと心から約束してみてください。

お金は「色」で判断する

資金調達にはいろいろな種類がある

あなたは「お金には色はない」と思っていますか？

ここで、資金調達について見ていきます。資金調達とは、文字通り、事業に必要な資金を外部から調達することです。

銀行や信用金庫、日本政策金融公庫などから資金を借り受ける「融資」、公的機関が資金を提供する「助成金・補助金」、将来的に成長が見込めるベンチャー・スタートアップ企業に対して投資を行うベンチャーキャピタル（VC）やエンジェル投資家からの「出資」が一般的です。

代表的なのが「融資」と「出資」で、その違いは、貸りたお金を返済する義務があるかどうかです。

「融資」は利息を含めて返済義務がある一方、「出資」は原則として返済義務がなく、また、将来の成長性や収益力を見込んで出資を受けられ、資金調達がしやすいので、創業間もない企業の多くが出資に注目します。

また、出資について欧米を中心に広がりを見せているのが、ベンチャー・フィランソロピー（VP）です。

VPとはソーシャル・ベンチャー、社会貢献を目的として社会起業家が立ち上げたビジネスに資金提供する慈善団体のことで、社会貢献への寄付が目的です。現在はNPO向けが中心ですが、社会的貢献を強く意識した営利企業も出資を受けることができます。

そのほか、毎月掛け金を払うことで借り入れを可能にする経営者向けの「共済」、ビジネスプランのコンペティションで入賞すると賞金が出る「ビジネスプランコンテスト」、インターネットで挑戦を発信し、事業に共感した人から資金調達をする「クラウドファンディング」という方法も選ぶことができ、それぞれにメリット・デメリットがあります。

濃い色のお金ほど、お金を出した人の意向に縛られやすい

あなたは、自分の意志で会社を経営できていますか？

私が資金調達で意識してきたのは、**人の思惑が入った「濃い色のお金」には手を出さない**ということです。

お金にきれいも汚いもなく、「お金に色はない」とよく言われますが、私からすると、資金調達する際のお金には、何かしらの色が付いています。

そのため、**資金調達の際に、私は「お金の色」で判断しています。**

「お金の色」というのは、お金そのものには色は付いていませんが、それをどのような方法で、どのような思惑の方から手にするかによって色付けされるというイメージ

です。

あくまで私の頭のなかでのことですが、「このお金を他人に貸して、そのリターンで儲けよう」という思惑が強くなるほど、灰色、黒色……と色が濃くなっていきます。

そう考えると、誰かに支援してもらったわけではない「自己資金」は無色透明。支援した企業が元本に上乗せして返済する利息を得ることが目的の「融資」や、社会貢献への寄付が目的の「ベンチャー・フィランソロピーによる出資」は白色。支援した企業が上場するなどして莫大な金銭的なリターンを得ることのみを目的としている「出資」は黒色。ただし、同じように上場に向けた出資でも、一番の目的が金銭的なリターンではなく、上場することで社会がより良くなるための応援であれば、それは白色だと考えています。

というように、**同じ金額を支援してもらうにしても、どの色のお金を選ぶかで、お金を出した人の意向に縛られるかどうかが変わります。**

たとえば、同じ300万円の資金援助を受けるにしても、「白色のお金」である融資なら経営者の意志が尊重されやすくなりますが、「黒色のお金」の出資だと早期に成果を求められ、投資家の持ち株比率が3分の2を超えると経営権を握られるので（詳しくは140ページ）、お金を稼がせる方向の発言を強めてくることがあり、経営者の意向が尊重されないことも。

後者だと、起業時の想いに反する、やりたくない事業で稼がなければならなくなる可能性もあるので要注意です。

想いを持って起業したのに、資金調達を受けた出資者の意向によって、自分が目指していた会社の方向とは違ってきてしまった……。

人の思惑の入ったお金で資金調達すると、良からぬ方向へ進んでしまう、というケースは少なくありません。

よくあるのが、自身の資産を増やすことに重きを置いている投資家からお金を出してもらった結果、稼げそうなビジネスに次々と手を出さざるを得なくなるパターンです。結果、創業時の想いとはかけ離れたビジネスになることもあります。

自身の起業時の想いを貫くためには、資金調達の方法を選ぶことが重要です。

起業でやりたいことをするには「白色のお金」

経営に必要なお金の色は自分で選ぶ

あなたの意志を反映できるお金を選びましょう。

「起業したからには、多額の出資を受けて会社を大きく成長させるべき」というイメージが強い起業家は「お金の色なんて選べない」と思うかもしれませんが、そんなことはありません。

実際、私は創業時の想いを全うできる、つまり、自分が経営権を持ち、やりたいことができる状態を保つと決めていたので、無色透明か白色のお金だけを頼りに経営してきました。

学生起業で自己資金がなかった私は、それでも自分のやりたいことができるように、大学3年時に出場したビジネスコンテスト「学生起業家選手権」で得た賞金の100万円を資本金にして創業しました。

それが在庫や運転資金に消えると、国が出資している政府系金融機関の日本政策金融公庫や信用金庫からの融資、想いのあるエンジェル投資家から出資を受けたこともあります。

それから数年後には、「和える」の社会に対する貢献を評価していただき、日本市場にも登場したVPから数千万円の投資（寄付）を受けることができました。

その寄付は株式と引き換えでしたが、無議決権株式（議決権の与えられていない株式）を発行することで、私の議決権は3分の2以上を保つことができている状態です。

資金調達においてまず考えるべきは、「会社をどうしていきたいのか」ということです。

やりたいことを最優先して成長させるか。稼げる金額を最優先してとにかく規模の拡大を目指すか。さまざまな選択肢があるでしょう。

仮に倒産したとしても、原則は経営者が責任を負うことはありませんが、企業規模が小さいと自己破産するケースもあります。そのような点では、経営者は最もリスクを背負う存在とも言えます。

にもかかわらず、会社が出資者から言われるがまま、やりたくもないことを続けるという状況になったら、本末転倒です。

資金調達時のお金にどんな色が付いているかで、経営のあり方も変わってくるのです。だからこそ、よく考えて、「お金の色」を見極めて資金調達してください。

自分の「やりたいこと」を実現するために、どうお金を集めるか

「応援しよう」と思ってもらうために必要なのは、想い描く未来を言語化して伝えるスキル

あなただったら、どんな人を応援したくなりますか？

やりたいことで起業したけれど、自己資金が足りない。

とは言え、やりたくもないことまでして会社を大きくしたくはないので、「黒色のお金」には手を出したくない。

かと言って、起業したばかりで会社には信頼や実績もなく、「白色のお金」を貸し付けてもらうのも難しい……。

資金調達では、このように悩むケースもあるかもしれません。

しかし、実績がないからと言って白色のお金を調達できないわけではなく、自社に合った融資制度を見つけ、想い描く未来を信じてもらう力さえあれば、資金を援助してもらうことができると私は考えています。

実績がなくとも資金を得られる資金調達の方法にはさまざまなものがあり、その1つは「日本政策金融公庫」の融資です。

もちろん審査はありますが、事業の将来性や返済能力などの審査基準を満たしていれば、融資は比較的受けやすいでしょう。

また、地域の人や地域内で事業を行っている人（社員数が300人以下）であれば利用できる「信用金庫」からの融資も受けやすく、数百万円単位の融資にも対応しています。

ただ、日本政策金融公庫や信用金庫から融資を受けやすいのは、設備投資費（事業のために使う設備に対して行う投資の費用）などの「有形資産への投資」で、人を育てるための費用、つまり、研修費などの「無形資産への投資」では融資を受けにくくなります。

たとえば「和える」のように、社員の質を高めることが利益につながるビジネスモデルでは、研修費用などを借りたいということもあるのですが、融資で借りにくいお金でした。人に投資する＝「無形資産への投資」というケースです。

その点で投資してくれる可能性があるのが、エンジェル投資家やVP、クラウドファンディングです。

ただ、エンジェル投資家などをはじめ、経営者の想いを応援する投資家は増えているものの、その人たちに「応援したい」と思ってもらえないと資金を得ることはできません。

そのためには、自分の想い描いている未来を事業計画に落とし込むだけではなく、**熱意を持ってその未来が本当にやってくるということを言語化して伝えるスキルも大切です。**

「信じ抜いた未来」を論理的に、熱く実況中継する

私自身、これまで資金調達でお金を集める際には、投資をしてくださる方に、自分

の想い描いている未来が本当にやってくることを信じてもらえるように、「自分のなかで見えている世界を徹底的に言語化する」ということを常に心がけてきました。

「未来」とは言っても、うんと先の未来ももちろんですが、3年先から5年先くらいのことで、その未来がリアルに見えている自分の脳内の様子を実況中継します。

その断片をかいつまむと、「このビジネスの先には、こういう未来が絶対にくるはずです。そうなったら楽しくないですか？　この未来を一緒につくりませんか？」というようにです。

ただし、これが夢物語では、人を巻き込むことはできません。まず、「こんな未来がきたらいいな」という直感を自らが信じきれることが大切です。たとえ根拠のない自信でも、まずは自分が信じてあげないことには誰も信じてくれません。

また、想いは必要条件ですが、具体的に説明できるだけのリアリティがあることも欠かせません。どれだけ流暢にプレゼンができたとしても、そこにリアリティがなければ、相手の心には残りません。

では、どうしたらリアリティを持って伝えられるのでしょうか。それは、**小さくてもいいので、まずは動いてみること**です。

私は創業前に試作品をつくってみて、「こんなブランドがあったら買いたいか、贈りたいか」を多くの人に聞いて回りました。そうこうしているうちに「予約購入したい」という人まで現れました。

このように、行動するとたくさんのお客様の声を聞くことができるので、そうして得られた反応により、資金調達のときに、どんな質問をされても、リアルな声を自信満々に伝えることができます。

そうして、迷いなく、惑いなく、堂々と説明すると、その勢いやエネルギーによって、相手は思わず納得してしまうのです。

私の場合、最終的に実現したい未来は「美しい社会」です。そのために自分がやりたいことで、具体的にできることが「日本の伝統を次世代につなぐ」というものです。

この想いは創業時から変わらず、誰に何を言われようと、自分が望む未来を信じて進んできました。

「やりたいこと」を継続するためのお金を手に入れるには、「こんな未来がきたらいいな」を毎日毎日、１人でも多くの方に伝え続けることです。

発信し続ければ、誰かが聞いていてくれるはずです。そこから、想い描く未来を現実にする一歩がはじまります。

初期段階は、ビジネスコンテストで勝つのも資金調達の手段

ビジネスコンテストで起業の資金を得るために

あなたは、自分のビジネスを求めている人の声を聞いていますか？

地方公共団体や企業で開催されているビジネスコンテストで、資金調達や起業の支援を受けるというのも、とくに起業前や創業間もない初期段階では1つの手段です。

ビジネスコンテストとは、参加者が独創的なビジネスモデルを提案し、審査員が審

査して入賞者を決める大会のことです。

起業する前、当時大学生だった私は、世の中に〝0歳からの伝統ブランドaeru〟が必要とされるかを問うために「ビジネスコンテスト」に出場しました。

ビジネスコンテストでは、私が今、行っている事業である「赤ちゃん・子ども向けの伝統産業品のブランドを立ち上げること」についてプレゼンしました。

すると、世代が上の審査員の方々からは「若い子は伝統産業品に興味がないでしょ？　だから、あなたがやろうとしていることは、おじいちゃん、おばあちゃんがお孫さんに買うのがメインのビジネスモデルだね」と言われました。

それを聞いて私は、「審査員の人たちは、若い人が日本の伝統に興味関心を持っていることに気づいていないんだ。これはある意味で、本当にチャンスかもしれない。若い感性でしか気づけないことがある」と思ったのです。

私は「もし、自分や大事な友人、先輩に子どもが生まれたら、伝統産業品を贈るのは素敵だな」と思っていました。だからこそ、このビジネスをやりたいと思っていました。

そこで、未来のお客様になるであろう同世代の共感を得られるのか知りたく、ビジネスコンテストに出場する前に、赤ちゃんや子どもに向けた伝統産業品を出産祝いに贈りたいかを、大学の友人たちに聞いて回っていました。

すると、多くの友人たちが自国の伝統を次世代につなぐことに興味を示してくれて、「もしそのようなブランドができたら、出産のお祝いにぜひ贈ってみたい！」と共感を得ることができました。私はこれから出産祝いを贈る世代が必要としてくれるのであれば、「このビジネスは絶対に成功するぞ！」と感じました。

この生の声を審査員の方にコンテストで伝え、納得いただけたからこそ、入賞することができたと思います。

実際に、〝aeru〟というブランドを立ち上げて、フタを開けてみると、顧客層で最も多いのは、子育て世代の30代前後の方々でした。

その次に多いのが、お孫さんにプレゼントをしたい、おじいちゃん、おばあちゃん世代です。そのおじいちゃん、おばあちゃん世代の半数ぐらいは、娘さんや息子さんからの要望で買いに来ている、つまり、若い世代からお願いされて購入していることがわかりました。

それは私の思っていたとおりで、ビジネスの経験があるからと、上の世代の意見を真に受けておじいちゃん、おばあちゃんに寄せたビジネスモデルにしていたら、今の「和える」はありません。

とは言え、「みんな、絶対にこれがいいと思うはず」という想いだけで走ってしまうと、ビジネスはうまくいきません。

異なる価値観の人の話も聞き、「なるほど、そんなふうに見る、感じる人がいるんだ」ということを知ることも重要です。

大事なのはそのバランスです。自分のビジネスの本質を見極めたうえで、いろいろな人の話に耳を傾け、違う意見を突っぱねるのではなく、一度は受け入れる。そして、自分のなかで咀嚼《そしゃく》し、取捨選択して、自分の考えに深く落とし込んでいくのです。

そうでないと、「あの人にこう言われたからやったのに、うまくいかなかった」と、人のせいにしてしまいます。経営の最終判断とその責任は、常に経営者にあることを忘れてはいけません。

ビジネスコンテストで選ばれる人の共通点

徹底的に調べ上げて研究し、相性のいいビジネスコンテストを見つける

あなたは、人の心を動かすためにどのようなことを意識していますか？

ビジネスコンテストで勝つには、自分のビジネスが魅力的であることはもちろんですが、私がさまざまなビジネスコンテストに参加してみて、受賞者の傾向を分析してわかったことがあります。

勝ちパターンの大前提となるのは、まず、自分のビジネスモデルと相性のいいコンテストに参加することです。そのために、**コンテストの趣旨や主催団体、審査員、過去の受賞した内容を徹底的に調べ上げて研究します。**

ビジネスコンテストごとに審査の基準や表彰する内容が異なるので、その基準や趣旨から外れていると、いくら優れたビジネスモデルだとしても、箸にも棒にもかからないこともあり得ます。また、過去の受賞内容に近いプランだと、新規性がないので評価が下がってしまいます。

そこで、私はコンテストの要綱を読み込んで、「このコンテストでは、どんなところに価値を置いて表彰するのか」「そのために、どういう審査員をそろえているのか」「過去、すでに表彰されているビジネスモデルと自社がバッティングしていないか」などを調べ上げます。結果、相性が良ければ参加し、相性が良くないと判断すれば、応募の優先順位を下げます。

審査員に、ビジネスプランで実現したい未来に共感してもらう

ビジネスコンテストは、一般的には「書類審査」と「プレゼン審査」があり、書類審査に通過できた出場者が、対面で審査員にビジネスプランをプレゼンできます。

その際に大きなポイントとなるのは、**審査員がそのビジネスの先にある未来を見てみたいと思うか**です。そのために、自分のビジネスプランではどんな課題を解決しようとしていて、具体的にどのようなアプローチをしようとしているのか。多様な背景を持つ審査員が自らの立場で「このビジネスプランを表彰することで、今後より良い未来がやってくる」ということを想起していただけるプレゼンの構成にします。

たとえば私が起業後に出場した、日本政策投資銀行の「第4回 DBJ女性新ビジネスプランコンペティション」（DBJ）では女性起業大賞を、APEC（アジア太平洋経済協力会議）のビジネスプランコンテストには日本代表として推薦いただき「APEC Best Award2017」に参加し、大賞とオーディエンス賞をダブル受賞しています。

DBJは日本国内の女性経営者を対象としたビジネスプランコンテストでしたので、「日本にとって、未来の経済を育む自国の文化が失われることは課題ですよね」、しかも「女性経営者ならではの視点だからこそ気づけた」という構成で、「経済、文化、女性」というキーワードを意識してプレゼンしました。

「APEC Best Award」は世界が舞台なので、「世界の人たちから見て、日本という国の1つの会社のビジネスモデルが、世界のほかの地域の社会課題、背景と合致し、それらの解決のヒントになるようなロールモデルとなるビジネスモデルであることを証明すれば、選ばれる可能性が高いだろう」という仮説を立てました。

「自国の文化が消えていくということは、全世界の課題である」と、文化が失われることが、未来の経済や心の豊かさにどのような影響を及ぼすのか。文化を次世代につなぐことの重要性を共通認識として感じていただけるように、プレゼンの冒頭は質問形式で自分ごととして考えながら聞いていただけるよう、構成を工夫しました。

「ああ、そうか。これはうちの国の課題でもあるな。その課題を日本の『和える』という会社が先だって、ビジネスという手法を用いて、自国の伝統文化を次世代につなぐビジネスモデルをつくったらしい。これは1つのロールモデルとして、全世界で知ってもらうべきビジネスモデルだよね」と理解してもらえるように話しました。

ビジネスコンテストの舞台が変われば、もちろん主旨や審査員も変わるので、プレゼンの構成や訴えかけるポイントも変えなければいけません。

けれども、どんなビジネスコンテストでも、共通しているのは、**「提案している未**

来がきてほしいと、多くの人に感じてもらえるプレゼンをすること」です。

そして、いくつもコンテストに挑戦してみることが大切です。場数を踏むことで感覚値を得られ優勝に一歩ずつ近づいていけます。

実際に私自身、最初は入賞すらできませんでしたが、出場したコンテストで審査員の方からいただくフィードバックに真摯に向き合い改善し、何度も挑戦しました。そうすることで自分なりの勝ちパターンを見出すことができるようになり、高確率で優勝をつかめるようになりました。

プレゼンの上達の近道は「まねぶ」

自分のプレゼンにまだ自信がない人は、お手本となるプレゼンの手法を取り入れるなど表現豊かに審査員に伝えることを意識し、「このコンテストにふさわしいビジネスプランである」と感じてもらえるように伝え方を工夫すると良いでしょう。

プレゼンは「どんな構成で」「どう話すか」という内容だけでなく、表現力も重要なため、私もお手本となるプレゼンをよく観察・分析して、話し方、立ち居振る舞いを真似するようにしています。

たとえば、ＡＰＥＣのビジネスプランコンテストは英語でのプレゼンのため、日本語とはリズムやロジック展開が異なります。そこで、話し方のお手本になりそうな英語のプレゼンテーションの動画として「TED Talks」を観て、「どんな構成で話せばいいのか」「どんな場面で、どんな話し方や立ち居振る舞いをすればいいのか」ということを分析し取り入れて本番に臨みました。

数々の賞を受賞している起業家の友人たちと話をしていても、この話は共通で、みな**コンテストの過去の傾向と対策を研究し、プレゼン、ピッチが上手な人の真似を徹底的にする**、と言います。

ただし、お手本をただ真似するだけではなく、自分らしさを内在させることも重要です。お手本の評価されるポイントと自分の良さを、うまくマッチングさせる、そう、和えるのです。真似しきったうえで、自分のオリジナリティを載せていきます。お手本を分析し取り入れつつ、自分のやりたいことで賞を取りにいくのです。

最後にビジネスコンテストで最も気をつけるべきことは、**コンテストに迎合しないこと**です。それは本末転倒です。

要項を読み込んでいくと、ついつい自分のビジネスプランを要項に寄せていってしまい、結果として本来自分のやりたいことと本質がずれてしまっていた……ということは往々にしてあります。すると、どこかで自分の中で矛盾や引っ掛かりができてしまい、真に力を発揮することができないですし、仮に入賞したとしても、それは自分が本当にやりたいことではないということがあります。

だからこそ、コンテストを徹底的に分析して、自分に合っているコンテストであるかどうかを見極め、真に理解したうえでプレゼンを構成すること。そこで求められるお題には答えつつ、自分らしいプレゼンで、審査員の方々に納得・共感していただければ、「やりたいこと」に素直に優勝をすることができるのです。

投資家には選ばれるだけでなく、自らも選ぶ

投資家のために働かない

あなたも選ぶ側であることを認識していますか？

数千万円、数億円と、ある程度大きな規模のお金が必要になった際には、投資家から資金を調達するのも選択肢の1つです。投資家とは、自らの資金を元手に、企業に出資する人のことです。

日本には、個人投資家になるための明確な基準があるわけではなく、起業家や実業家、スポーツ選手と、さまざまな背景を持つ人々がエンジェル投資家として活動しています。

投資家は、出資先の事業が成長して企業価値が上がれば、得た株式の価値が向上して、出資額に対する配当金や売却益を得られることで、莫大なリターンを受け取るケースもあります。

だからこそ、投資家の多くは、将来的に成長しそうな事業を選び、将来の利益を期待して事業資金として、出資をするのです。もちろん純粋に応援したいという想いの人もいます。

これは、出資を受ける企業側にもメリットがあります。その1つが出資を受けた際のお金を返済する義務がないということで、万が一、会社を解散することになっても、特段の契約がない限り、経営者個人が借金を負う必要はありません。

また、元本と利息を毎月返済する必要がないため、資金繰りに苦労しやすい創業初期には有効です。

ただし、出資を受けることで、自由な経営が難しくなる可能性もあります。

出資を受ける企業は、投資家に自社の株式の一部を交付します。

原則として、株式会社では保有する持株比率に応じて、意思決定権の度合いが変わります。持株比率が66・6％（3分の2）を超えると、株主総会における特別決議（会社の合併や分割、会社の解散など、会社の将来を決定づける重大な決定のこと）を決められる権利が認められるのです。

つまり、持ち株比率が3分の2を超えると経営権を握られてしまい、投資家の発言による影響力が格段に強まってきます。

そのため、「出資してくれるのであれば、誰でも有難い」という考えでは、お金持ちのマネーゲームに巻き込まれてしまう可能性があります。

基本的に、資本主義経済ではお金を持っている人が強者です。お金を得た人が、投資をして、お金をさらに増やしていくゲームのようなもの。投資家にとって、出資というのは、自分のお金をさらに増やすことが目的にもなり得るわけです。

経営権を握られた結果、最初は自分の「やりたいこと」を実現するための起業だったはずが、投資家の考えにより、お金稼ぎのために望んではいない事業をせざるを得なくなるというのは、よくある話です。

いわば、気づいたら、お金のため、投資家のために働いていた……ということになるのです。

資金援助を受けるときは、人の心理として、相手に迎合しやすいものです。しかし、そこは踏みとどまって、いくら希望していたお金が目の前にあっても、**相手を見極めるという視点を持つことが大切です。**

つまり、経営者は、投資家に対する目利きが必要なのです。

見極めるのは「発言に矛盾がないか」「思想哲学があるか」

お金の先にあるもの

あなたが、人を信用する決め手は何ですか？

私の経験からは、信用、信頼に足るということを見極めるには、**自分にとっても投資家にとっても互いに合意できるまで、何回も会って対話を繰り返す**、それに尽きます。

オフィスでの面談だけではなく、少し打ち解けた会食の機会を設けるなど、シチュエーションを変え、コミュニケーションを重ねます。

投資家から、起業家に「何で起業をしようと思ったか？」「どんな事業計画か？」「どれくらいの事業規模を目指しているのか？」など、さまざまな質問をされることが多いと思います。

投資家からの質問にただ答えるのではなく、こちらからも質問をすべきです。私の場合は、いろいろな角度から質問をします。とくに、「相手の発言が一貫しているか？」「私の思想哲学を深く理解してくださっているか？」を確認しています。

単にお金儲けのためではなく、起業を応援しようという想いのある投資家であれば、その人なりの思想哲学があるはずです。

「何で投資をしているのですか？」「ほかにどういうところに投資しているのですか？」「その目的は何ですか？」「複数の会社に出資していますが、どのような基準で決めたのですか？」といった質問をします。

その答えによっては、思想哲学をあまり感じられず、「ああ、この人は儲けられれば何でもいいんだな」と感じることもあります。

私はＩＰＯ（新規株式公開）する気はないので「出資しても何のメリットもないと思

いますが、どうして投資したいとおっしゃってくださるのですか？」と聞くと、投資の真の目的が見えてきます。

そうやって対話を重ねた結果、「じゃあ、いいです」と興味を失う投資家がいる一方、それでも出資するというのであれば、お金ではない目的があるのでしょう。

もちろん、起業家が本気かどうかということは、投資家も見極めようとしています。

先日も、投資家の方から「出資したい」という話があり、今は必要としていないことを伝えると、「ほかの方法でも応援したいので」ということで、お客様をご紹介いただけることになりました。本当に「和える」のことを応援したいと思ってくださる方だと感じました。

互いに本気で相手を見極めようとしているからこそ、フラットな関係であるべきで、出資する側・される側双方が「出資は互いのためになるのか」ということを考えるのが理想的です。

起業家は、投資家から選ばれる立場であるだけでなく、投資家を選ぶ立場でもあるのです。

「間《あわい》」を大切にして、人を理解する

時をともにすると、見えてくること

あなたは、人間関係でどのようなことを大切にしていますか？

「和える」は、外資系企業の日本法人の社長をアーリーリタイアした、想いのあるエンジェル投資家の方からの資金援助を受けています。

その方とつながるきっかけとなったのは、起業前に出場した東京都中小企業振興公社が主催するビジネスコンテスト「学生起業家選手権」でした。
そのビジネスコンテストでプレゼンした「伝統産業×子ども」という私のビジネスのアイデアを聞いてくださった方が、「矢島さんのビジネスに興味を持っている人がいる」とエンジェル投資家の方を紹介してくださったのです。

そのエンジェル投資家の方は、ご自身の経営者としての経験を活かし、横丁のご隠居さんのような存在として、起業する若者をサポートしたいとのことでした。

ご自身の興味・関心のある「伝統文化」と「スポーツ」にまつわる事業を立ち上げた若者に投資したいとのことで、私のビジネスにも興味を持ってくださったそうです。

とにかく品性と知性と、ウィットに富んだ素敵な方で、思想哲学にも矛盾がなく、私が3分の2以上の議決権を持つべきだとも言われ、応援をお願いすることにしました。

私は投資家の方に限らず、人と対峙するとき、初対面で「この人は信用できそう」

と直感で感じることが多いです。

そこでは、「間《あわい》（向かい合うものの間）」を大切にしています。いわば、**時をともにして、自分と相手の間にあるものの輪郭をつかむべく、意見を交換しながら、感性や美意識、正しいと思うことなどを相手がどのような感覚でとらえる人なのかを確認する**、ということです。

これは、投資家、取引先、お客様など、人間同士が付き合うすべての場面で大事なことだと思っています。

効率重視の人にとっては、そんなに悠長な時間をかけていられない、ムダだ、と思われるかもしれません。ただ、自分の想いを本当に実現したいのであれば、一定の時間をかけることで得られるものがあるのです。

出資してくださる方のなかでも、「自分の想いを実現できるお金を提供してくれるのは誰なのか」を見極めることも経営者としての大事な仕事の1つです。

気づいたら「社員の給料を払うために働いていた」とならないために

会社を存続させるべく資金調達をするときも「北極星」は見失わない

あなたは、何のために資金調達をしますか？

起業当初は経営の軸を持っていても、しだいに会社を続けることが目的になってしまうケースもあります。

たとえば、「こんな想いを実現したい」と胸に抱いて起業したのに、気づいたら社員の給料を払うために経営者が必死になって働いていた、というのはよくある話です。

「社員を食べさせるために起業したわけじゃないのに、自分は何をしているのだろう……」と、経営すること自体がつらくなってしまう。そんな起業家も数多く見てきました。

もちろん、社員を雇った以上、給料を支払うことが大事なのは当然です。ただし、そのために起業をしたのでしょうか、ということを問いたいのです。

事業を継続させるために、ときには資金調達をすることも必要かもしれません。

しかしながら、ここでも経営の軸がないと、ゾンビ企業＝実質的に経営破綻しているにもかかわらず、金融支援で存続している企業になってしまう可能性があります。

つまり、望む未来を実現するためではなく、社員に給料を払い会社を継続させるために、お金を借り続けてしまうのです。

私は、自身が信じる美しい未来の到来のために必要であれば、資金調達をするという選択をします。その先には「日本の伝統を次世代につなぐ」という北極星ともなる経営の軸があるからで、「そこにたどり着くために、この事業はやるべきだから、必要な資金調達をしよう」と判断しています。

創業からしばらくたち、次のフェーズへ行くためには社内の人材の質を上げるべきだと考えて、社員教育のために研修費を資金調達したこともあります。それも「日本の伝統を次世代につなぐ」という経営の軸にもとづいてのことです。

結果的に、資金調達で「社員に給料を支払う」ということ自体は同じでも、**中長期的な事業戦略や経営の軸があるかないかで、（社員に目先の給与を払うための）疲弊する資金調達になるか、攻めの資金調達になるか、そしてその先に見える世界がまったく異なるのです。**

「あれっ、もうない!?」。資本金がすぐに底をつく

利益が出ているのに、資金が足りない……

あなたは、自分の会社がつぶれることを考えたことがありますか？

事業計画をきちんとつくり込んでも、創業初期は計画通りにいかないことばかりで、資金がすぐになくなってしまう。

おそらく、これは多くの起業家の方が経験することでしょう。

そのとき、「手元に資金がないと会社がつぶれる」と思うかもしれませんが、実際はそうではなく、**周囲との信頼関係がない状態で、お金を工面できなくなると、会社がつぶれるのです。**

そのことを実感したのは、会社を起業してから2年目の冬、資本金の100万円が底をついたときです。

〝0歳からの伝統ブランドaeru〟が扱っているのは、伝統産業の職人さんとつくったオリジナル商品です。

「資金のリスクを低くするために、在庫は持たないほうがいい」とよく言われますが、「和える」では、職人さんに製作していただいた商品はすべて買い取り、自社で在庫管理をしています。

売れてからではなく、つくっていただいた時点で対価を支払うようにすれば、職人さんは売れ残った在庫によって負債を抱えることがありません。職人さんが安心してものづくりを続けられるようになると考えたのです。

「世の中に心から伝えたい」と思うオリジナル商品だからこそ、在庫を持つリスクを引き受ける。そして、職人さんが大切につくり上げてくださった商品を「和える」が赤ちゃんや子どもたちに責任を持って届けようと決めました。

商品ラインナップを少しずつ増やしていき、広報活動を地道に行うことで、メディアに取り上げられる機会が増えていきました。

そうして、事業や取り組みが世間から注目を集めることで売上が伸びるかと思いきや、期待通りにはいきません。

加えて、利益よりも先に費用がかかるビジネスモデルであり、商品が売れて利益が出ても、取引先の都合で売掛金（商品の未回収金）の入金が先になることもあるため、資本金は在庫資金や運転資金に一瞬で消えてしまうのです。

その結果、深刻な資金不足に陥り、「会社がつぶれるかもしれない」という状況に……。

資金難に直面して感じた大切なこと

商品の売上だけでは、職人さんに商品づくりをお願いする費用をまかなえなくなり、会社のお金がなくなると、私の貯金を資金繰りに回すことで費用を捻出することになりました。

ついには、私個人の貯金も尽き果てそうになりつつありました。

ただ、職人さんに商品をつくっていただくことはビジネスモデルの起点であり「和える」の生命線と言え、そこが危うくなると事業の根幹を揺るがしかねます。

何とか1か月後には資金難を乗り切れる手はずを整えたものの、それまでは職人さんに支払いを待っていただくしかない状況でした。


商品をつくってくださっている職人さんには、お支払いをお待ちいただかなければならず申し訳ない気持ちでいっぱいになりながら電話をかけ、心からお詫びをし、来月にはお支払いできることをお伝えしました。

「今月はお金がなくて、お支払いできなくなってしまったんです。来月には入金してもらえる手はずは整えたので、お支払いを来月までお待ちいただけませんでしょうか……」

「いいよ。大丈夫だから気にしないで。いつも、僕のつくる商品を気前良く買い取ってくれるから、起業したばかりなのに大丈夫かなって思っていたんだよ」

職人さんは入金が遅れることを受け入れてくださっただけではなく、困っている状況を心配さえしてくださいました。

その言葉を聞いたとき、**会社を続けていくうえで、お金はもちろん大事だけれど、それまで築いてきた信頼関係にこそ助けられるということをあらためて実感したのです。**

危機を乗り越えられる起業家に必要なこと

ただし、「信頼関係」というのは、一朝一夕で得られるものではないことも、経験から実感しています。

私は十代の頃から日本の伝統の魅力に惹かれ、19歳のときに、ＪＴＢさんの会報誌のフリーライターとして伝統産業の職人さんを取材するようになりました。全国各地を巡り、匠の技で本物をつくり続ける、高い精神性を持つ多くの職人さんたちと出逢って感じたことがあります。

職人さんたちは日頃から、「肩書きや地位という先入観を持たず、まっさらな状態で目の前の人を見ている」ということです。長年、自然界と対話しながら、本物をつくり続けている職人さんたちだからこそ、人と対峙したとき、その人の本質をすっと見抜くことができるのだと思います。

そんな職人さんたちは、何の肩書きもなかった大学生の私に対しても、丁寧に想いを聞き、フラットに接してくださり、対話を重ねてくださいました。

これは、職人さんだけではなく、高い精神性を持つ経営者の方も同じでした。つまり、本質を見極める目を持つ人は、肩書きに興味はなく、自分の目を信じて、目の前の人を信じるか否かを判断しているのです。

対話からにじみ出る、本気度、熱意、情熱などを感じ取ってくださっているように思います。その繰り返しで、**同じ時間を共有することを重ね、美意識や感性、感覚が同じかどうかを確かめ合うことで、信頼というものが築かれていくのだと感じています。**

大学時代の起業までの3年間、私は職人さんたちと時間をともにしながら、伝統に対する知識や理解、向き合い方を深め、「日本の伝統を次世代につなぎたい」という想いが醸成されていきました。

そして、職人さんたちには、想いはもちろん、それだけではなく利益を生み出し、継続できる仕組みを、ビジネスという手法を用いてつくろうとしていることもお会いするたびにお伝えしてきました。

起業後に救ってくださったのは、そんな私の想いに共感してくださり、信頼関係を築いてくださった職人さんたちでした。

起業してみると、思っていたようにはいかないことばかりで、想定通りにお金が入金されず、場合によっては数か月分として予定していた百万円単位の資金があっという間に枯渇することも珍しくありません。

そのようなか実感したのは、**危機を乗り越えられる起業家に必要なのは、まずまわりと信頼関係を築くこと。**逆に言えば、**ブレない企業理念と信頼があれば、たいていのことは乗り越えられるのです。**

とくに起業当初は、想定外の危機はつきものくらいに思っておいてください。そして、それを乗り越えていくには、資金の充実は理想ではありますが、何よりも「心から応援してくれる人」の存在にまさるものはありません。私が精神的に健やかに経営を続けられているのは、このような人たちがいるからだと感じています。

あなたのまわりにいる、「心から応援してくれる人」の顔を思い浮かべてみてください。

第4章

1人でやるか、誰かとやるか

～会社に必要な人を採用するポイント～

1人でやるのか、誰かとやるのか

自分のタイプを理解したうえで、人を雇うかを決める

あなたは、1人企業派か、組織企業派か、どちらですか？

創業時、なんとなく家族や友人をビジネスパートナーとして一緒に起業するというケースはよくあります。しかし、普通に一緒にいる分には楽しい相手でも、いざ仕事となると不満が出てきて、仲たがいするというのも、よくある話です。

また、何の疑問もなく、起業するならすぐに人を雇おうと考える方もいますが、何人か集めて創業したら、いつの間にか創業時のメンバーが全員いなくなっていたという話もよくあります。

まず、「1人でやるのか、誰かとやるのか」ということから考えることが重要です。

人によって組織をつくることが得意な人とそうでない人がいます。

実際に、知り合いの経営者は、数名の組織としてスタートしたものの、組織の運営ということがあまり自分には向いていないと感じ、結局、1人企業に戻したそうです。その後は組織化しないことを決めて、1人で事業をされています。そのほうが瑣《さ》末《まっ》な人間関係に悩まされず、やりたいことも思いきりできて、売上も伸びている、そして何よりも自分がご機嫌でいられると言います。

自分の適性を見極めたうえで、組織にする・しないを決める。つまり、1人でやるか、人と一緒にやるか。言い換えれば、人を雇ってまでやる規模のビジネスにするのかどうかを考えるのです。

また、誰かとやる際も、必ずしも社内に人を雇わなくても良く、プロジェクトごとに外部のプロフェッショナル（個人事業主）と組むというのも1つの方法です。とくに副業が当たり前になっている今の時代は、仲間も集まりやすくなりました。

この形態を、私は「ルパン型」と呼んでいます。アニメ『ルパン三世』では、主人公の大泥棒・ルパンのもとには、天才ガンマン・次元大介、剣の達人・石川五ェ門、さまざまな顔を持つ謎の女・峰不二子という、それぞれに個性あるキャラクターがいます。ルパンのチームがいざというときに団結するのと同じように、プロジェクトごとに最適なメンバーとチームを組むというやり方です。

1人でやる・やらない、また、誰かとやるにしても社内に抱える・抱えないなど、さまざまな選択肢があることを知ったうえで、自分に合うスタイルを選んで経営しましょう。

1人でできる範囲を超えた瞬間、人を巻き込むことを決める

私は基本的にあまり悩まないタイプで、誰かに相談しなくてもスピード感を持って

ものごとの意思決定ができるほうという自己認識があったので、起業時は1人でやると決めていました。

誰かと起業することで、1つひとつ相談しなければならないのは自分には合わないとも思っていたので、共同起業は選択しませんでした。

また、ありがたいことに、自分の考えを話してフィードバックをしていただける、信頼できる壁打ちをする相手が社外に何人かいたことも大きかったと思います。

ただ、起業してからは、「ずっと1人でやるか、人を雇うか」という2つの選択肢は持ち続けていました。

人を雇うかどうかの判断軸は、「まず自分ひとりでできる範囲をやり切る。世の中でさらに求められる会社となり、これはやはり仲間が必要だな。一緒にやりたいという人を迎え入れるべきだと思う瞬間がきたら、仲間（社員）を迎え入れよう」というものでした。

その瞬間がやってきたのは起業から3年目。「和える」の事業拠点であり、〝0歳からの伝統ブランドaeru〟の初の直営店舗となる、東京「aeru meguro」をオープンすると決めたときです。

それまでは〝aeru〟ブランドの商品は、オンラインショップや百貨店の催事、一部常設の販売コーナーでしか購入できませんでした。そこで、実際に商品を見たり触れたりしながら購入していただきたいと、2014年7月に「aeru meguro」を東京・目黒にオープンしたのです。

私たちはそのお店を「和えるくんのお家」と呼んでおり、お家でお客様を出迎える人＝ホストマザー（店長）になる社員を雇うことにしたのです。

誰かとやることで、1人では行けない場所に行くことができる

それまで1人でやってきたところから、会社を組織にしてあらためて実感したのは「**組織だからできることがある**」ということです。

1人ひとりが「日本の伝統を次世代につなぐ」ことに関係するやりたい自分ごとを持っていて、みんな、血はつながっていないけれど「日本の伝統を次世代につなぐ」というDNAでつながっているので、赤の他人同士ですが、ファミリービジネス（家族経営）をしているような感覚です。

想いが同じ人たちが集まり、みんなの働く時間を足すことで、会社として遠くまで行くことができます。

同時に、社員1人ひとりは「和える」に所属することで、各界の一流の方々と出逢えたり、同士として切磋琢磨しワーキングスキルを高め合えたり、通常では経験できない世界とつながれたりと、個人ではできないさまざまな経験を得ることができます。

また、**誰かが働いていてくれるからこそ、休むこともできるのです。**今の「和える」がやっていることを個人でやろうとすれば、永遠に休むことはできません。もし、1人でやろうとしたら、それこそ働く以外の時間を失ってしまうので、心身ともに豊かに生きるためにも組織である意味があると思います。

1人でやるか、誰かとやるかは、一概にどちらがいいとは言えず、経営者のタイプや会社のそのときどきの状況やステージによっても、最適な選択があります。だからこそ、なんとなく決めるのではなく、さまざまな視点で思考して選んでください。

会社を擬人化して、子どものように育てる

「会社」はわが子、「経営」は子育て

あなたは、自分の会社をどのようにとらえていますか？

私は自分の会社を「和えるくん」と呼び、息子のように育んできました。そして、「会社の経営＝和えるくんの育児」だととらえています。

その視点に立つと、私（創業者）は和えるくんの生みの親であるお母さんです。社員

はお姉さん、お兄さん、全国の職人さんをはじめ、和えるくんに関わってくださるみなさんは親戚というような位置付けです。

そんな想いを同じくする仲間とともに、和えるくんを一緒に育てていくというのが、私なりの会社のとらえ方です。先述したように、日本の伝統を次世代につなぎたいという想いで集まった、赤の他人でファミリービジネス（家族経営）をしているような感覚です。

会社を擬人化してとらえるようになったのは、大学生の頃に、法律の授業で「日本で人間以外に人格を有するのは法人格のみである」と学んだことがきっかけです。法律上は法人も私たち人間と同じように権利や義務の主体となることができ、「人格」を有していることを知りました。

その話を聞いた際、会社を生み出した創業者は「生みの親」ととらえたのです。事業継承の場合は、「育ての親」ととらえます。

いずれにしても、**あなたと会社を親と子という関係でとらえ直してみてください。何か見え方が変わってきませんか。**

人間の子どもが育つように、会社も成長していく

２０１１年3月16日の創業日は、「日本の伝統を次世代につなぐ」という目的のために生まれた「和えるくん」の誕生日です。

和えるくんは、ゆっくり、ゆったりとマイペースに成長しています。

そんな和えるくんは、まわりのみなさんに助けていただきながら、すくすくと成長していき、２０２５年で14歳を迎えます。

人間の子どもと一緒で「僕はこういう想いなんだ、こういうことをしたいんだ」と言えるようになり、社会に自分の考え（会社の思想哲学）が伝わりはじめ、「和えるくんって、こういう子ですよね」と言ってもらい、お仕事のお話をいただくことが格段に増えてきました。

起業間もない頃は「0歳の子（会社）に、これからどんなふうに育ってほしいか」という子育ての方針を決める大切な時期です。三つ子の魂百まで。ブレない経営の軸

を決めることが大切です。

その後も、0～3歳（創業～3年目）は、一番手のかかる時期です。私もつきっきりでお世話をしていました。

創業4年目～6年目、子どもで言えば幼稚園生くらいの頃の和えるくんは、自分の足で立ち、自分のことは自力でしつつも、私を振り返って「お母さん、見ていてくれるかな」と、お母さんがそばにいるかを確認しながらでした。

7年目～12年目、小学生の和えるくんは、お母さんも、もちろんそばにいつつですが、お姉さん、お兄さん（社員）と一緒に、いろいろな挑戦をできるようになりました。

そして13年目を迎え、いわば中学生くらいになると、自分でできることがたくさん増えました。実際に、お母さん（創業者）がそばにいなくても、お姉さん、お兄さん（社員）たちとプロジェクトのスタートからゴールまで自走できる案件が確実に増えてきています。

つまり、和えるくんの成長によって、創業者である私が常にいなくても会社が回るようになりつつあります。

会社の成長スピードを上げようと社員を次々と採用した結果、マネジメントや資金繰り、企業風土・文化づくりに苦しみ、起業から数年で消えていくという企業も少なくありません。

起業して会社をつくると、3年くらいで何かしら結果を出さなければと、ついつい焦りがちですが、そんなときこそ冷静に一歩引いて、会社の擬人化の話を思い出してください。

たとえば、起業して3年目で会社が伸び悩んでいたとしても「まだ3歳だから、1人ではできないこともたくさんあるよね」などと思えて、変に焦る気持ちを整えることができます。

会社を育み、自分も育まれるという感覚で、その子（会社）らしい自然な成長スピードに合わせた経営を意識できるのです。

会社を擬人化することで、社員にも会社を育てる意識が芽生える

会社を擬人化するというのは、社員の経営者視点（組織の全体構造を理解し、経営者の立

場で判断を行う視点）を養うことにもつながります。

経営者はついつい、「経営の全責任は自分が負って、社員に給料を払ってあげられるようにしなければ」と考えがちです。

しかし、会社は経営者だけで業績を上げているわけではありません。とくにスタートアップのような規模の小さい会社は、社員も自ら稼ぐという意識を本気で持ち、実行しなければつぶれてしまいます。

だからこそ社員には、会社を一緒に育んでいて、育児（経営）に対する責任感をともに持ち、会社から給料を「もらう」のではなく、自分の分は自分で「稼ぐ」という意識で仕事を生み出してもらう。

それは理想論のように聞こえるかもしれませんが、創業の想いに忠実に美しく稼ぐには、とても重要な考え方です。これを実現するためには、採用の入口が非常に大切になってきます。

会社にとって必要十分なスキルを持つ人を採用するために

疲弊しない、自分を犠牲にしないためにも

あなたは、自分ひとりで頑張りすぎていませんか？

「忙しすぎて、猫の手も借りたい……」と思えるほど、とくに創業期はやるべきことが多いものです。

ただ、起業当初は、十分に人もいないので、経営者が自分の暮らしを犠牲にしてま

で働かざるを得なくなる、というのはよくある話です。

しかし、それだと消耗していくばかりで、ロールプレイングゲームで言えば、自分のライフゲージがじわじわと減っていきます。

自分を犠牲にしないためにも、**自分以外にどのようなスキルを持つ人がいれば、疲弊せず、会社がうまく回るか**を考えることです。

そう思うようになったのは、私自身が会社に必要十分なスキルのある人と出逢えるまで採用に苦労したからです。

1人で起業してから3年くらいが経った頃、取引先やお客様の声から「和える」のビジネが社会にとって必要とされていることをより確信しつつも、自分ひとりで対応できる範囲を超えはじめてきました。

この状況を自分ひとりだけでなんとかしようとすると、自分の暮らしを犠牲にし、疲弊していくと感じました。そうならないために、私ひとりで対応できる範囲内に「和える」の可能性を閉じるのももったいないと、会社をともに育んでくれる仲間を迎え入れることを決断しました。

採用の当初から決めていたのは、「人間ならではの強みがある人しか雇わない」ということです。

というのも、起業当時から、10年以内にＡＩの時代がやってきて、人間の仕事が置き換えられる世の中になり、今後は人間ならではの強みを高め、価値を生み出せることが最大の関心ごとになるはずだと予測していたからです。

そこで、ＡＩやロボットで代替が利かない人を雇い、少数精鋭のチームで会社を育むことを目指しました。

「自社で求めるワーキングスキル」は言語化すること

自社で求める人材を見つけるには、まず「どういうワーキングスキルが必要なのか」ということを具体的に言語化します。

では、「人間ならではの強み」とは何かと言うと、創造性や豊かな感情、先人から引き継いできた精神性だと、私は考えています。

「和える」では、社会がまだ気づいていない、求めているのに言語化されていない、潜在的に求められていることをとらえ、私たちが日本の伝統を通してやりたいこと、できることを提案することにより、美しい社会を実現しようと考えています。

そのためには、すでにある仕事をただやるのではなく、潜在ニーズを先につかみ、最適なプロジェクトを企画、提案して結果を出す。無から有をつくり出せる、高い創造性を発揮できる人が必要です。

人材を探しはじめたときから、「なかなかそんな理想的な人はいないよ」と言われてきましたが、たとえ1人では体現できなくても、チームであればできるはず。また、高い人材要件だからこそ、これからの時代、人の価値が高まるなかで、「和えるさんの社員さんと仕事がしたい」と言ってもらえる、そんな人材の集まった最高のチームを妥協なく目指したいとも思いました。

重要なのは、**求める人材が身近にいるか否かではなく、どんな人材を求めているのかを明確に定義し、発信し続けることです。**探す前からあきらめていたら、絶対に出逢うことはできません。世界のどこかには絶対にいるはずなのですから、見つかるまで探し続けるのです。

今でこそ、自社で働くのに必要なワーキングスキルを言語化できていますが、当初は自社に誰が合うのかも未知数で、今あるような明確な採用基準はありませんでした。

そのようななか、採用してわかったのは「伝統を次世代につなぎたい」という想いで「和える」に応募してくださる方は、美しい心を持つ人が多いということです。

そこで、「和える」では採用の段階で、とくに「素直な人」「道徳心のある人」と「志をともにする人」という点を見極めるようにしています。

これまでに社員の道徳心は見誤ったことがなく、「和える」は性善説で働ける会社です。

心根《こころね》がいい人だけを採用した結果、人格も、人柄も良く、本当に心やさしくていい人ばかり。仕事で失敗することはあっても、本人に悪気があるわけではなく、誠心誠意、解決することに向き合い、改善して会社をともに育てようと動いてくれます。

ただ正直なところ、人として申し分ないけれど、こちらが必要とするワーキングスキルに満たない人もいました。

もちろん、ワーキングスキルが足りないのは、その人に何か問題があるというよりは、それまでの学びや仕事環境の影響が大きいと思われ、私はそこを責めるつもりはいっさいなく、その人の本質的な良さを否定することはしません。

けれども、「和える」のビジネスモデルだとつらそうなので、「この人の心根の良さをもっと活かせて、活躍できるところがあるかもしれない」と思うケースもありました。

結果的に、「そうか、このワーキングスキルがないと成果を出すことができないんだ」ということがわかってきました。

そのような経験から、自社に必要なワーキングスキルを定義づけるようになったのです。以降は、どんなに人格や人柄が良くても、定義したスキルを持った人に出逢えるまでは、簡単に首を縦に振らなくなりました。


入社後のミスマッチをなくすには、まず明確な採用基準を持つことが大切です。そのために自社に必要なワーキングスキルを言語化しなければいけません。「こんな想いで、こんなスキルを持った人と働きたい」ということを具体的に提示できれば、それに合う人からの応募に絞られ、入社後に活躍できる人と出逢いやすくなるのです。

採用のポイントは、ちょっと面倒くさい採用試験をつくること

社員はいつでも辞めることができるからこそ、採用の段階で見極める必要がある

あなたは、急に社員が辞めたらどうしますか？

「会社を辞めます」

どの会社でも、この会社は自分には合わないと思った社員から、いきなりそう言われるのは珍しいことではありません。

社員が突然退職してしまい、経営者がその穴埋めのために走り回るというのは、まわりの経営者からも聞く話です。

ちなみに法律的なことを言うと、企業側が就業規則で「退職する場合は3か月前までに申し出ること」と規定したとしても、現状は企業の就業規則よりも民法が優先され、就業規則を強制することはできません。

社員は「退職希望日の14日前までに申し出ること」という民法上の決まりを守ってさえいれば、会社の承認がなくても、好きなときに退職できます。

また、やむを得ない事情があり、会社と従業員が互いに同意していれば、退職の希望は日数を問わず法律違反にはならず、社員は明日、もっと言えば今日にでも退職できるのです。

ある意味、日本の法律は労働者を守る意識が強いため、社員はいつでも自由に去ることができる権利があるわけです。

一方、会社側は、社員が「明日、辞めます」と言って、去っていこうとするのを引き止める権利はありません。急に社員に辞められる、そのダメージは会社にとって計りしれないでしょう。

そのため、まずは無責任に辞めていく道徳心のない人ではないか、簡単に会社から離れていかない同じ想いを持つ人かどうかということを、経営者は採用の段階で見極める必要があります。

採用ページのメッセージによってミスマッチをなくす

私が最も尽力してきたのが、自社の採用ページです。**採用ページや選考する際の課題によって、応募してくださる方の質が変わります。**

そのため、私たちの想い、求める人物像などを詳しく記載することで、応募者の方に、求めている人材像とスキルを正確にお伝えし、ミスマッチの少ない採用につなげています。

とは言え、採用活動をはじめた頃から今のような採用ページだったわけではありません。はじめは、応募者の想定するスキルと、こちらの求めるスキルのミスマッチに気づかないまま面接まで進めていた時期もありました。

たとえば、創業初期に事業として立ち上げていたのは〝0歳からの伝統ブランドaeru〟だけでしたので、応募者の大半は接客や品出し、レジ打ちを中心とする、いわゆる雑貨屋さんの接客のような仕事をイメージしていたようです。

けれども、実際の業務はそれだけではありません。ものづくりをともにする日本全国の職人さんの工房におうかがいし、その地域のことや職人さんのお仕事を間近で見て、つくり手の想い、ものづくりの過程の深いところまで理解できていないと、商品の魅力を伝えて売るということは難しいのです。

そのため、社員には、時間をかけて「和える」という会社の考えや想いを教育する必要があり、創業期からいわゆるアルバイトは雇っていません。

また、創業時からグローバル企業になることを視野に入れていたので、社員が英語でのメールのやりとり、外国人のお客様への接客などもするため、ビジネスレベルの英会話力が必要です。

しかし、そのことが伝わりきらず、最終面接の最後の最後で採用に至らないこともありました。

ミスマッチというのは、お互いにとってマイナスでしかなく、しかも貴重な人生の時間を奪ってしまうのです。

そうして、求めるスキルはもちろん、会社の概要や沿革、過去に掲載いただいた取材記事などを詳しく載せるようにしたのです。その結果、新聞の紙面2～3枚分くらいに相当する文字数の採用ページになっています。

今では、その細かく書かれた採用ページを読んだうえで応募してくださるので、ミスマッチが減りました。

採用ページというのは、ある意味フィルターのようなもので、今では送られてきた応募書類を拝見することで、私たちのことをどこまで深く理解してくださっているかという判断もしやすくなりました。

「人」が見える応募書類をもとに判断する

答え方から採用基準を満たしているかどうかを見極める

あなたは応募書類を見て、どのようなポイントで判断しますか?

「和える」の採用基準の「人間ならではの強みがある人」というのは、通常の履歴書などによくある形式的なフォーマットだと見えてこないため、Webのエントリーフォームは自由記述式にして、その設問すべてに意味を持たせることで判断できるようにしています。

たとえば、「和える」の社員になったつもりで、クライアントさんとのやりとりを想像してもらう設問があります。

そこでは、論理的な思考力や相手との会話からものごとの本質を読み取る能力、シミュレーション能力があるかどうかを判断することができます。

ほかにも、「和える」で開催するイベントの担当者になったつもりで、開催概要（イベント名・日時・定員・参加費）を決めてもらう設問もあります。

企画力、創造力だけでなくビジネス感覚も判断でき、「この内容に、どれくらいの参加費を設定するのだろう。採算はどうとるのだろう」と最低限自分の給料分を稼げる感覚があるかどうかを見ているのです。

また、自由記述式のなかには、「和えるくん（会社を子どもに見立てて）の子育て方針（和えるの事業をどう成長させるか）」の提出もお願いしています。そこで見ているのは、事業を推進する具体的な戦略思考と創造性です。

提出も、手紙形式、プレゼン形式など、人によってさまざまで、「どうやって『和える』に自分らしく貢献するのか、そのためにどういう取り組みをしたいのか」、想像力の豊かさをはじめとしたポテンシャルがわかります。

さらに、入社後はその子育て方針と照らし合わせて、「入社前にやりたいと思っていたことをできているのかな」という社員自身の振り返りにも活用できるようになっています。

応募の負荷を上げることで、相性の合う人と出逢える

提出していただく履歴書でも、応募者の「その人らしさ」を見ることができるように設定しています。これは応募者の方を上から目線で評価するつもりではなく、「和える」の家族になる応募者のことをより深く知りたいからです。

たとえば、文字は書いた人の性格や思考の傾向を読み取ることができるので、履歴書は手書きでの記入をお願いしています。

字が小さいか大きいか、元気がある字か、おとなしい字か、などをはじめ、文字から感じ取れるものはたくさんあります。

履歴書は、おそらく一般的な履歴書では記入しない、幼少期の保育園や幼稚園、小学校から書いていただいています。

これは学歴を問うという意図ではなく、幼少期にどんな環境で育ったかなどは性格をはじめ、その方の人となりの参考となるため、おうかがいしています。

さらに言えば、幼少期について書いていただくことで、「私が卒園した園の正式名称は何だっけ?」と、人生の節目でご家族との会話が促進されるきっかけになればとも考えています。

また、採用時にはインターンシップを挟み、自己管理する働き方や、自己研鑽が求められる職人的な働き方に適応できるかを確認したうえで、入社していただくこともあります。

正直なところ、応募フォームは簡単に記入できることばかりではないので、結果的に、これらは応募の負荷を上げることになります。負荷が上がることで、「応募者が少なくなるのではないか?」と思われるかもしれません。

しかし、「和える」という会社の思想哲学に合う人と出逢うことができたら十分なのです。

なぜならば、赤の他人同士が助け合いの精神で働くファミリービジネスのスタイルの企業だからです。採用の際、全社員が「この人を家族に迎え入れるかどうか」ということを真剣に考えているからこそ、応募者の方のことを知りたくてしかたがない。そのため、結果として、ちょっと面倒くさいと思われる採用試験になったのです。

それも、入社した人も迎え入れる側も、互いにいつまでもご機嫌に働けるよう、「お互いの相性を確かめる」というお見合いを本気でしているからです。

人の採用は、「猫の手も借りたい」と思っても、絶対に妥協してはいけないのです。

あなたの会社はどのようなスタイルが良さそうでしょうか。ぜひ、ご自身の会社の未来を想像しながら、独自の採用スタイルを確立してみてください。

給料の3倍稼げる人が、こんなにもいなかったなんて……

社員に給料の3倍稼いでもらわないと、会社は利益を出せない

あなたは、ひな鳥にエサを与え続ける親鳥になっていませんか？

「人手が足りないから社員を雇ったのに、なぜ忙しいままなのか……。というよりも、今まで以上に働かなければならなくなった……」

経営者が社員の給料の分まで必死に稼いでいる。これは自分の給料の分を稼げない

社員を雇った小さな会社によくある光景です。

経営者が企業理念のためではなく、社員に給料を払うために、自分を犠牲にして働き続けることから抜け出せずにいるわけです。

よく「給料の3倍稼いで一人前」と言われます。ただし、給料の何倍を稼げばいいかは規模やビジネスモデルによっても変わるので、○倍は会社によっても異なります。

いずれにしても**会社は、社員が給料以上は稼がないと存続させることができないこと**は共通しています。

この前提にあるのは、売上がそのまま会社の利益になるわけではなく、売上から人件費や経費、原材料費、ほかにも税金や保険料などを引いた金額が会社の利益となるからです。

たとえば、毎月30万円の給料をもらっている社員は、その3倍の90万円分の売上を稼ぐ必要があります。それができてはじめて会社の利益に貢献できる「一人前」として認められるのです。

とくに創業期の資金に余裕がないベンチャー企業は、社員が高いパフォーマンスを発揮して給料の3～5倍くらいは売上を上げるようでないと、ない袖は振れないわけです。

これは「和える」でも同様で、自分の給料の3～5倍稼いでもらわないと、社員に給料を支払う余裕はありません。実際、「和える」の給料は自分が給料の3～5倍を稼ぐことを前提として自己申告制になっています。

ただ、入社直後からはさすがに難しいという方向けに、ベーシックインカム制度も設けており、入社後、半年～1年程度は最低限の給料は提供する仕組みもあります。

私自身、会社を創業する前、学生時代は個人事業主として働いていたので、自分の分を自分で稼ぐのは当たり前のことだと思っていました。

ところが、これは自分が経営者になり、人を雇ってはじめて気づいたのですが、最低限、給料の3倍を稼ぐということができる人がいかに少ないかということです。

給料を「稼ぐ」ではなく「もらう」という感覚の人がこんなにも多いのかと、ショックを受けました。ただ、本人としては悪気があるわけではなく、これは日本の教育や入社時の意識づけの問題なのかもしれません。

そこで、まず採用時に「給料の3倍以上を稼ぐ必要がある」ということをお伝えして、その覚悟があるかを確認するようにしました。

このように、「和える」では採用時から社員に会社のスタンスを示したうえで、適切な給料を自己申告してもらうことにしたのです。

会社のスタンスを明確に示すと、納得感が高い状態で働ける

「少なくとも、自分のほしい給料の3倍の売上を上げてください」ということは、私は社員に「和える」のスタンスとしてはっきりと伝えています
そもそも、「和える」では、勤務日や勤務時間など一律のものはなく、社員ごとに雇用契約が異なります。週5日勤務の人もいれば、週4日勤務の人もいます。感性を育むための休日を毎月1日設けている人も。
給料については、先述したように社員が自分で給料を決める自己申告制で、「実力に見合う金額に、いつでも変更自由です」と伝えています。

給料は月単位で変更することもでき、そのためには経営者である私と話し合い、合意する必要があります。

そこでも、まず社員は「給料の3倍から5倍を稼ぐ必要がある」ということを理解したうえで、自分の実力に応じた額を希望するので、話し合いがスムーズに進むのです。

たとえば、社員に「再来月から給料を上げたい」と相談された場合、その給料の3倍以上の額をどうやって稼ぐのかを説明してもらい、現実的に達成できる見通しが立てば希望額をお支払いするようにしています。

給料や勤務時間、勤務場所は自由なので、社員は自分と対話しながら、心地良いバランスを考える習慣が身につきます。

実際に、「今は家族との時間を増やしたいのでバランスを考えて、勤務時間を減らしたい」という相談を受けることもあります。給料の額を下げて勤務時間を減らすこともありますが、給料の額を変えずに勤務時間だけ減らす、実質の給料増ということもあります。いずれの場合も社員は自分で決めた時間を大切にしながら、その成果に応じた給料を稼げるので、納得感が高いのです。

「自由」と「責任」は表裏一体です。自らの仕事を通して責任を果たしてこそ、希望する給料を受け取ることができます。

社員がそのことを自覚できると、会社と社員が給料を払う側ともらう側という関係ではなくなります。社員は自分の必要な金額を稼ぎ、会社はそれに見合った金額を分配するという、フラットでシンプルな構図になるのです。

会社の成長は、社員の行動の結果

思想哲学を社内に浸透させるために重要なのは一貫性

あなたは、自分の会社にどのような思想哲学を浸透させたいですか？

思想哲学は、企業理念をはじめとした、その企業ならではの行動規範や価値観など「企業文化」をかたちづくるものです。

しかし、実際には言葉だけが先行したり、ひとり歩きをしたりして、社員にまで浸透していない、という会社は少なくありません。私が伴走型リブランディングをさせていただいている多くの企業さんでも、まさに課題に感じられている点です。

経営者としては「なぜ、こんなに思想哲学を伝え続けているのに、社内に浸透しないのだろうか？」とみなさん、共通しておっしゃいます。

それには、いくつか要因があります。「社員が自分ごととして受けとめられていない」「掲げている思想哲学と、実際の現場の仕事に乖離《かいり》がある」「社長が言語化できていないので社員が理解できていない」「思想哲学にもとづいてビジネスを回すのは理想だけれど、そんなきれいごとでビジネスがうまくいくはずないと、社長自身が心のどこかで思ってしまっている」などなど。

その会社にとっての羅針盤や指針となるのが思想哲学であり、その思想哲学にもとづいて経営者も現場も運営できて、はじめて浸透しはじめます。

経営者が確固たる思想哲学を持ち、一番の体現者であることはもちろん、社員がその方向に向かってくれるか、つまり掲げた思想哲学が社内の実務レベルで実行されて一貫性がある状態になっているかが重要です。

社員に思想哲学にもとづいて行動してもらうには、どうすればいいのか。そのためには、そもそも思想哲学に共感し、自然と実行できる人を採用する、育むことが必要です。

日々の1人ひとりの行動が、やがて習慣となり企業文化として定着していきます。そのような意味でも、真に企業文化をつくるカギは、経営者ではなく社員なのです。

「らしさ」のある人を採用して、企業文化を形成する

「和える」では、企業文化を形成し、真に浸透させるために、採用の段階から私たちの思想哲学を伝え、すでにそのように生きている人、または自分ごととして共感できる人しか採用していません。

そのため、思想哲学を理解できない人、たとえば仕事はライスワーク（食べるための活動）だと割り切っている人が、社内に1人もいないのは採用試験をそのように徹底しているからです。

では、思想哲学を理解し、実行できる人を、採用の際にどのように判断しているのか。服装や態度、雰囲気、言動などの部分で、「和えるらしさ」というのをまず定めて、それにあてはまる人を採用するようにしています。

「和えるらしさ」とは、言語化すると、たとえば「気が利く」というのもそうです。お客様が来店時、すでに飲み終わったカップを手にしていたら、「よろしければ、片づけておきますね」と、さっと受け取るなど、相手がしてもらえると心地良いことを想像し先回りして考えて行動に移せる。

そういう「和えるらしさ」を体現できる人を採用することにより、会社が理想とする思考や行動をする人で構成されていき、企業文化が自ずとつくられていきます。

まずは**経営者自身が大事にしたい思想哲学を言葉にするところから、はじめてみてください。**

企業文化を体現できる社員を育むために

「らしさ」のはじまりは経営者から

あなたは、会社の思想哲学を体現できていますか？

思想哲学を理解し、行動できる人を採用したからと言って、社員が自ら率先して企業文化をつくっていくフェーズになるまでには、それなりに時間がかかります。

そのため、とくに起業して最初の頃は、経営者自ら、企業文化を体現できる社員を育てていく必要があります。

「和える」でも、私が最初に和えるらしい社員を育むことを意識してきました。たとえば、入社した社員が和えるらしいメールを書いているかを、最初の頃は私がすべて確認していました。

和えるらしいメールとは、上から目線でもなく、へりくだるわけでもない、いわば「フラットな美しい書き方」です。

ただし、フラットと言っても、若者言葉とはまったく異なるものです。そのため、『なるはや』という若者言葉は美しくないので、『なるべく早く』と正しい日本語で書きましょう」などと具体的にお伝えします。また、こまごまと一挙手一投足までチェックはしないものの、企業文化から外れる行動には釘を刺しています。

ただ、社員の数が増えていくと、経営者が全員を育むのは難しいため、最初に企業文化を体現してくださる社員を育成し、その社員を筆頭に新しく入る社員に和えるらしさを伝承していただきます。

結果、第1世代の和えるらしい社員によって、それが後輩にも引き継がれて、企業文化が醸成されているのを感じます。

とくにそれを実感するのは、私の出番が減ったことです。

たとえば社内の会議で、「ここは和えるらしくないから、指摘したほうがいいな」と思うと、すかさず先輩の社員が指摘してくれることがよくあります。

今では社員としての共通認識を根づかせるべく社員同士で高め合ってくれており、私は会議でもなるべく黙っていて、サポートが必要なときだけ発言するようにしています。

とは言え、第2世代、第3世代……と世代を重ねるごとに、和えるらしさが薄まることもあるので、そこは気を抜かずに、ほかの社員が見逃しているところは、時折、私が整えるということは続けています。

経営者ができることは、思想哲学を言語化し体現し続けることであり、真に浸透させるのは社員にしかできないのです。

同じ日本人だからと言っても、日本語で話せば伝わるわけではない

人は「自分の言うことは、わかってもらえるはずだ」と錯覚しがちです。私もとくに起業したばかりの頃は、自分の会社や商品の魅力が思うように伝わらずに驚きました。

そこで、社員をはじめ、どうしたら相手に理解してもらえるかを考え、試行錯誤した結果、「話せばわかる」というよりも、まず前提として**自国の文化を異なる文化圏の人に伝えるくらいの気持ちでとらえたほうがいい**と思うようになりました。

同じ日本人であっても、世代や生きてきた環境で、価値観はまったく異なります。そこで、日本人だから日本語で話せば伝わると思わずに、いわば異なる国の人に理解してもらうという意識でコミュニケーションをとるのです。

たとえば、「販売」という仕事ひとつとっても、人によってその理解はさまざまです。普通に考えると、「販売」というのは、モノを売ることと、とらえるでしょう。

しかし、〝aeru〟のブランドの直営店舗で働く社員には、「私たちの仕事は、お客様の価値観を変容させること。モノを売ることは手段であり、目的ではない」ということを常に伝えています。

お客様との会話でもそうです。〝aeru〟のブランドには、赤ちゃん・子ども向けの「こぼしにくい器」シリーズという商品があります。これは自然素材を活かし全国各地の伝統的な磁器・陶器・漆器の職人さんの技術でつくられています。

もちろん、誤って落とせば割れてしまいます。プラスチックでつくれば、割れません。では、なぜあえて割れる可能性がある素材でつくっているのか。私たちの考えでは、幼少期に割れないものだけを渡せば、子どもの「割れることを学ぶ機会」を奪ってしまうことになるからです。

子どもは割れる素材を使うことで、乱暴に扱うと割れてしまうかもしれないことがわかり、丁寧な扱い方を学ぶことができます。

「こぼしにくい器」を店頭で販売していると、赤ちゃん・子ども向けの食器は割れない素材のほうがいいと考えるお客様から「なぜ、落としたときに割れる素材でつくっているの？」と聞かれることもあります。

そこで「落としたら割れることを、いつ学ばれましたか？」と問いかけると、お客様はハッとした表情をされるのです。

このように自社の思想哲学にもとづいて商品開発をすると、商品のことを語るだけで、社員にもお客様にも自然と思想哲学が浸透していくのです。店舗で働く社員は、単にお客様に商品の紹介をするのではなく、商品を通してお客様の考えや行動がどう変わるか、その結果、暮らしがどう変わるかなどを意識してコミュニケーションするようになっていきます。

1人企業でも、組織企業でも、社内外へ思想哲学を浸透させることの大切さは変わりません。共通しているのは、**ブレない軸で一貫していること。**指の先まで神経を行き届かせるような感覚で、すべての事柄において、地道に浸透させることを継続するのです。

第5章

起業して10年続けてわかったこと

博打はせず、最小のリスクで起業する

石橋を高速で叩いて渡るからこそ、着実に進める

あなたは一発勝負派ですか、堅実派ですか？

「起業なんてリスクが高いのに、よくやろうと思うね」

とくに起業したばかりのときは、そんなふうに言われることも多々ありました。

起業していない人からすると、「起業家は一か八かの勝負でビジネスをしている」

と見えるのでしょう。

一攫千金を狙い、会社を辞めて、トレンドのビジネスに乗るべく起業しようという博打打ちのように起業する人がいるのも事実です。

けれども、多くの人はリスクは最小限にしたいと思うはずです。同様に、私も会社の経営は着実な手しか打たないタイプで、自分では堅実派な起業家だと思っています。

ただ、まわりからは「博打を打ちにいっている」と思われることもあります。なぜそう思われるのかというと、高速で石橋を叩いて渡っているからかもしれません。

「高速で石橋を叩いて渡る」という、その過程を分解すると、**仮説を立て、実践し、検証するということを数多く繰り返し、小さく実験しながら素早く再現性を高めるべく戦略的に進めていくこと**です。

再現性を高めるうえで、とくに重要なのが「仮説の精度」です。

実際に「和える」の訪日外国人客向けに日本の精神性にまつわる事業を立ち上げた際の話です。

茶道のワークショップで日本の精神性に触れていただいた外国人のゲストが、帰国後もご機嫌な精神性を継続いただくために、そして日本の職人さんの仕事を国を越えて未来につなぐために、茶道具の販売も行っています。

お客様の声から、新たに抹茶碗の販売もすることになり、仕入れて値決めをしてさっそく売り出したのですが、1日目、1つも売れませんでした。そして、5日たっても、まったく売れない状況は変わりません。

なぜ売れないのかわからないため、仮説の立てようもありませんでした。

そこで、7日目以降は値段を決めずに、ゲストにワークショップの体験後、「どれがお好みですか?」「いくらなら買いたいですか?」と、その場でマーケティングリサーチをしたのです。

すると、国別、年代別、嗜好ごとのリアルなデータが毎日取れるようになり、データを取り続けて2週間ほどたった頃には、販売も軌道に乗るようになりました。

つまり、**経営とは、仮説を立て、すぐに実践。リアルな結果をもとに、さらに精度を高めて仮説を検証し、再びすぐに実践。その繰り返しです。仮説を確信を持って設**

計することが、偶然を必然に変え、再現性が高まります。

たとえば、世の中に「和える」のビジネスが必要とされているかを問うべく、起業前にビジネスコンテストに出場したのも、私にとっては仮説の検証の1つです。

私自身、「自分が感じている日本の伝統の魅力に気がついていない人が多いのでは。その魅力に出逢える人の数を増やす仕組みづくりをすれば、ビジネスは絶対に成り立つはず」という、あらぬ自信はありました。

しかし、それは自己満足かもしれず、そのビジネスのアイデアが社会に通じるのか、ビジネスとして可能性があるのかどうか、その反応を知るためにビジネスコンテストに出場しました。

コンテストの審査員や観客の反応によって、「これは社会に求めていただける」とあらぬ自信が確信に変わり、安心してより強い想いで起業への一歩を踏み出せたのです。

ただ、果敢にチャレンジするという攻めの姿勢だけでなく、守るべきところでは堅実に進めることも意識しています。たとえば、販売する商品は基本的には確実に売れる数しかつくりません。

在庫を抱えるのはリスクとよく言いますが、それは売れなかった在庫を抱えていたときの話です。売れる分だけをミニマムのロットでつくれば、在庫はリスクではなくなります。また、環境の面を考えても不必要に大量につくるのではなく、暮らしに必要な分をつくるということがとても大切です。

機を待つことも重視しています。「今の自分たちの実力に合っていないと思えば、やらない」という判断もします。

「和える」は創業から今に至るまで新しい事業がいくつも生まれていますが、構想から実現まで少なくとも数年はかかります。

「あのときはできなかったけれど、今の『和えるくん』ならできそうだな」「今のメンバーならできそうだな」と念願叶ってはじめるというケースもあります。

あなたも自身の会社の成長をあせりすぎず、わが子の成長を見守りながら、冷静な判断を心がけてください。

小さく実験して、少しずつ輪を広げていく

小さな実験を重ねながら、再現性の高い仕組みをつくる

あなたのビジネスモデルは再現性がありますか？

スモールビジネスは低リスク、かつ小規模のチームで事業をはじめられることが大きな特徴でありメリットです。

さらに、その事業が、誰がやっても同じ品質が担保できる。つまり、再現性がある

仕組みになることでビジネスモデルへと昇華します。

そもそも、私は**「再現性がなければ事業ではない」**と考えています。そのため、小さく実験しながら再現性を高めています。

再現性が保たれる状態になったら、会社として本格的に事業に組み入れ、少しずつ大きくしていきます。

小さく実験するとは、「自分のできること」が、「社会に求められるかどうか」「想いだけではなく、ニーズがあり、ビジネスとして成り立つかどうか」という軸で仮説を持って試すことです。

小さく実験していくので、もし仮説が外れたとしても軌道修正しやすい。これも、スモールビジネスだからこそです。

大企業だと、一度スタートした事業を撤退するには、さまざまな部署や役職の判断が必要になるでしょう。しかし、スモールビジネスなら、トップの判断ですぐに決断できます。

そのため、先述した、「仮説を立て、検証し、実証する」というプロセスを小さく数多く繰り返し、どうしたら属人化せず、再現性の高いビジネスモデルにブラッシュアップできるかに素早く挑戦し続けられます。

一歩引いて客観視することで、小さな会社で陥りがちな属人化をしない、させない企業文化を早い段階で徹底して再現性の高い事業を数多く生み出せるようになるのです。

まずは小さくはじめてみて、軌道に乗ったら次の手段を考える

「小さくはじめる」というのは起業する際にもあてはまります。まず「個人事業主としてはじめるか、法人を設立するか」を選択します。

取引先から「法人でなければ契約ができない」と言われ、とりあえず法人にする人もいます。ただ、法人化すると煩雑な事務手続きが必要になるなど、お金も手間も必要で、法人の状態を維持するための負担が大きくなることもあります。

そのため、利益が少ないうちは個人事業主、利益が出るようになってから法人化という方法もあります。

また、法人化する際には、株式会社（株式を発行して集めたお金で経営者が運営する会社）以外にも、「合同会社（出資者が経営を行う会社）」という形態もあります。

私が起業した頃は、合同会社にする会社はメジャーではなく、「信用、信頼を得るために株式会社にする」という起業家もいました。しかし、最近は合同会社も増えてきたことで、法人格の違いで印象が変わるということもなく、合同会社のほうが設立費用や維持費が少額で済むため、出資や上場を狙う必要がないのであれば、合同会社からのスタートでもいいでしょう。

出資などが必要になったタイミングで、あとから株式会社へ変更することもできます。

まず、「やりたいこと」をできるだけ小さくはじめられる方法を選ぶ。そこで高速で石橋を叩きながら、堅実に進めていく。これが私の考える、リスクを低くしながら自分の想いに素直に成功する確率を高める、しなやかな起業の在り方です。

「個人でできること」が「会社としてできること」になる

実験によって、ベストなタイミングで事業化する

あなたは何をもって事業化できたと、とらえていますか？

「和える」で小さな実験からスタートして事業化された1つが、〝aeru talk〟という私や社員が仕事を通して得た知見をもとに、講演会や研修会、イベントなどでお話しする事業です。これは会社を立ち上げてから7年後の2018年に正式に事業化しました。

7年と事業化まで時間がかかったのは、創業初期の頃は私以外に講演ができる人はおらず、再現性のあるものなのかどうか、未知数だったためです。

しかも、当時は「和える」宛ではなく矢島里佳個人宛に講演の依頼が来ていたので、属人的な仕事なわけであり、それを会社の売上にするというのは、何か筋が通っていないと感じました。

そのため、社員が講演会やファシリテーション、パネルディスカッション、審査員などの仕事ができるようになるまで、私が個人事業主としてお引き受けしていました。

会社の成長とともに、まずは自社主催のイベントで社員がお客様の前でミニ講演をしてみるなど、社内で教育を行っていく小さな実験をし続けました。

仮説・検証を繰り返し、再現性のある状態になったタイミングで事業化し、今では〝aeru talk〟の事業による社員の講演の事例をどんどん発信していくことで、矢島里佳個人への指名ではなく、「和えるさんのどなたかにお話に来ていただけませんか？」というご依頼が増えています。

また、事業を育むなかで、先方が期待する話や効果に対して、最適な人材をアサインするということもしています。

たとえば、「和える代表の矢島さんに来てほしい」というご依頼でも、その内容を確認すると、「むしろ、私よりも〇〇さん（社員）のほうが向いているかもしれない」と思ったら、そのことを丁寧にご説明すると、7、8割はその提案を受け入れていただけます。そうすると、先方の期待に最も適切に応えつつ、社員の経験値を増やすことにもなります。

このように、「個人ができること」からスタートしたものが、組織的に再現性のある状態になって「会社としてできること」になるということです。

「個人でできる」ことをもとに、仮説を立てる、検証するというのを繰り返して、再現性がある状態になったら事業化する。 これはスモールビジネスの事業がうまくいく王道パターンです。

会社としての仕事か、個人としての仕事か

いざ起業すると、つい何でも会社に結びつけて考えてしまいがちですが、「個人と

してやりたいこと」を持ち続けることは会社と自身の人格を一緒くたにしないためにもとても大切です。

私は仕事を「会社の代表」としてお引き受けするか、「個人」としてお引き受けするかを明確に分けて考えています。

「会社の代表」としてお引き受けするための最低限の条件は、「伝統を次世代につなぐ」という会社の理念に重なるか、ビジネスとして成り立つかです。重なるのかわからないけれど、自分が「面白そう」「やってみたい」と思ったら「個人」としてお引き受けしています。

個人としてであれば、利益が出るかどうか等に関係なく、「やりたいからやりました」でいいと思います。一方で、経営者としてならば、仕事として何かしらの価値や付加価値、利益を生むかどうかを考える必要があります。

ですから、私は「和える代表の矢島里佳」としてご依頼をお受けする場合は、何でも「いいですよ」とせず、吟味してからご返事をしています。金額以外のV2V(Value to Valun)も含めてですが、会社の代表として引き受けられる内容か否かはシビアに考えます。

「会社としての仕事」と「個人としての仕事」と意識を分けることで、会社と自分の人格を混同することもなくなり、また、自分は会社のために、どうやって貢献できるか、会社を構成する1人として考えられるようにもなります。

「生きる」と「働く」を和える

「生きる」と「働く」は天秤にかけられないから

あなたが人生で大切にしていることは何ですか？

寝食を忘れて事業に打ち込む。文字通り、日々、ビジネスのことばかり考え続け、家に帰るのも夜遅く、家族との時間をなかなか持てない、休日なんてないのが当たり前……。

一般的に、起業家はそのようなイメージが根強くあるのではないでしょうか。これは「生きる（ライフ）」と「働く（ワーク）」を天秤にかけ、「働く」を選んだ結果でもあります。では、天秤ということで言えば、「生きる」と「働く」のバランスをとる、というのはできないのでしょうか。それこそ、「ワーク・ライフ・バランス」です。

ただ、「ワーク・ライフ・バランス」は、「生きる」と「働く」を切り離している時点で、私の考える人生観とは異なります。

私のなかでしっくりくるのは、**「ワーク・イン・ライフ」。人生そのものが「生きる」で、そのなかに寝る時間、ご飯を食べる時間、遊ぶ時間、働く時間などのさまざまな時間が含まれている**ととらえています。

「生きる」というのが最上位概念にあり、そのなかに「働く」も含まれているので、そもそも階層が異なるものを天秤にかけることはできない、と考えているのです。

だから、「生きる」と「働く」は比べるものでもなく、「生きる」と「働く」を和えることで、より自然な生き方を実現できるのです。

実際に、私は「働く時間」と「暮らしの時間」をあえて区別せず、すべての時間を「生きている」という感覚でいます。

誰もが時間は限られているので、優先順位を決めて使う

「働く」は「生きる」の一部であるととらえ直すことで、時間の考え方が変わるはずです。1日24時間のうち、まずは「睡眠時間」を先に決めて確保します。というのも、睡眠時間は「仕事が忙しいから……」とないがしろにしがちだからです。

そのほかにも、「食事の時間」「家族やパートナー、友人との時間」「自分との時間」などの大切な時間を削ることがないよう、先に仕事以外の時間を決めたうえで、「仕事で使える時間」を試算します。

私の場合は1日に8時間は睡眠時間がほしく、残りの16時間でご飯を食べたり、家族との時間をすごしたりすることを考えると、1日8時間程度しか仕事の時間を捻出できません。

できるだけ持ち越さずにその時間内で完結できる仕事をするべく、自分の仕事をすべて細分化し、「優先度が高い仕事はどれなのか」ということを吟味していきます。

そして、**「仕事で使える時間内で、仕事は終わらせるしかない」と割り切ることが大事です。**

とくにベンチャー企業などで多く見られる長時間労働は、一度経験すると、終わらない仕事は残業すればいい、と仕事以外の時間を犠牲にしてしまう人も少なくありません。しかし、これでは仕事を時間内に収めるという意識とスキルが育たず、暮らしの時間を犠牲にし続けてしまいます。

「和える」では時間内に仕事を終えるというワーキングスキルを高めるため、やむを得ない事情がない限り、事前に合意している、みなし残業の30時間ぶん以上を超えて働くことはせず、業務時間内に収めるように入社時から徹底しています。

もしも、何らかの事情で業務時間を超える可能性がある場合は、事前に理由とともに申請し、許可を得る必要があります。基本的に自由で自主裁量制の「和える」で、申請許可というスタイルは珍しいのですが、これは会社の思想哲学に関わることなので徹底して守る必要があるからです。

結果、前職では残業でカバーしていた社員から「働く時間内に収めることにストイックになったおかげで、自分の能力が自ずと高まっていくのを感じます」と言われることもよくあります。

仕事が終わらないからと言って、「仕事の時間を増やせばいい」という発想になると、暮らしの時間がどんどん犠牲になり、「生きる」に余白がなくなり苦しくなっていきます。

「時間内でどう働くか」ということを考えると、必然的に「限られた時間を、いかに有効的かつ効果的に使うか」という思考になります。

具体的には、仕事の優先順位を決めて、優先順位が高い仕事から終えていくのです。また、やらなくていい仕事を思いきってやめることも大切です。

仕事に重きを置きすぎて、「生きる」のなかで「働く」の比重が大きくなりすぎた結果、ご機嫌ではない人が少なくありません。

自分の人生の時間を俯瞰してみて、不機嫌な時間がないか見直してみてください。もしも不機嫌な時間があるようでしたら、もう一度全体の時間を配分し直して、優先順位を整えてみましょう。そうすることで、真に自分がやるべきことが定まるからこそ、人生のすべての時間を犠牲にせず、ご機嫌に生きられるのです。

「哲学」のある会社が成長する

思想哲学がないと、社員は働く意義を感じられない

あなたは、思想哲学をどれほど重視していますか？

「この会社の存在意義とは何か」「社会の何の役に立つのか」「どんな未来を実現させたいのか」などという思想哲学が経営者のなかにあっても、それを言語化できておらず、社内で思想哲学が共有・浸透していないという企業は意外と多いものです。

そして、「思想哲学」と言うと、「成長」や「利益」のような直接的なメリットをイメージできないので軽視されがちです。しかし、思想哲学の共有・浸透は、会社の成長の根幹となります。

なぜなら、**思想哲学がないと場当たり的にしか社員も取引先もお客様も集められず、人が離れていく会社になってしまうからです。**

思想哲学がない会社では、多くの社員は「ただ利益を生み出す」という経済的な目的に向かって働くしかなくなります。

その対価として「給料」がもらえる。そのために働くので、仮に業績が悪くなって給料が下がったら、社員は「給料が減ったので辞めます」と言って簡単に辞めてしまうでしょう。

退職を引き止めるために高い給料を出したくてもそれができない状況なので、歯止めが利きません。

そうならないようにするためにも、**「思想哲学」というお金以外の価値でもつながることが大切なのです。**

社内に思想哲学が共有され、浸透していれば、社員は真に働く意義を感じることができ、テーマやミッションに向けた質の高い志を持った仕事ができるようになっていきます。

「和える」には、創業時からのブレない思想哲学にもとづいた「日本の伝統が次世代につながることに寄与しているか」「三方良し以上か」「文化と経済が両輪で育めているか」という3つの具体的な行動指針があります。

それらを達成することで実現できる「美しく稼ぐこと」に挑戦したいという社員が集まっているので、働く意義を自ら見出し、自ずとモチベーション高く働くことができています。

データでも証明された「思想哲学がある会社ほど利益を上げている」という事実

思想哲学があることで、人材が集まり、定着率が良くなるだけではなく、社会的共感も得やすくなります。

たとえば、「日本の伝統を次世代につなぐ」というワンメッセージは「和える」の思想哲学を言語化したものです。さまざまなビジネスコンテストで賞をいただいた際に、評価してくださった審査員の方々とお話をすると、ビジネスモデルはもちろんのこと、私たちの思想哲学に共感してくださったことが大きいといつも感じます。

これは資金調達の際にも同様で、思想哲学に共感してくださったうえで投資いただいているということも、融資担当者の方や投資家の方とお話しするたびに実感しています。

このような理由から、私自身、思想哲学のある会社は、必然的に利益も上がっていくという感覚を持って経営してきました。

じつは、このことは日本の中堅・中小企業を1万5000社分析し、6000社の経営者の意見から、高い収益を出している優良企業を解明したという『収益結晶化理論』(ダイヤモンド社)の統計データでも証明されています。

経営者へのアンケートの結果、利益が大きい会社ほど経営理念が社内で理解されていない割合が減少。また、売上規模と利益額の両方とも大きい会社ほど「理念が事業を進めるうえでかなり有効」と答えた経営者が多いとのことです。このことからも、組織を継続させるためにも思想哲学がいかに重要であるかということがおわかりいただけるかと思います。

また、**100年以上存続する企業をはじめ「老舗」と呼ばれる会社にはワンメッセージがあり、思想哲学と利益（存続）との関係は、歴史も証明していることだ**と言えるでしょう。

「稼ぎたい」という理由だけでは、社員、お客様、投資家をはじめ、人は集まってきません。起業するのであれば、何かしらの想いがあることが大切です。

「起業の目的は何か」「何のために企業を存在させたいのか」という思想哲学を言語化できていると、それが経営の道しるべとなるでしょう。

「普遍的な経営哲学」は先人の智慧から学ぶ

「道徳」と「経済」を両立させる経営

あなたが時代を超えても変わらないと思っていることは何ですか？

生キャラメル、パンケーキ、天然かき氷、タピオカ、フルーツサンド、マリトッツォ、ピスタチオ……。

近年、流行したスイーツブームの移り変わりからもわかるように、インターネットメディアの普及によって情報が拡散されるスピードが速くなり、消費者の関心は次から次に移り変わっていき、トレンドの流行《はや》り廃《すた》りのサイクルは短くなっています。

そんな変化の激しい時代、気がつけば世の中の動きに流されてビジネスをしていた……という経営者は少なくありません。

もちろん、時代の変化に適応することは大切ですが、それはブレない根本となる軸があってこそです。

その軸をつくる際の参考となるのが、**先人の智慧**。先人たちの普遍的な経営哲学です。

私は記事でたまたま目にしたり、何かでふっと聞いたりした普遍的な先人の智慧があればインプットするようにしています。

完璧な人間はいないので、誰か1人を参考にするよりも身のまわりにいる、さまざまな人の良いところを和えるほうが、自分なりの思想哲学を持てるからです。

「和えるの経営哲学はどこからきているのですか？」と、聞かれることもありますが、創業前から親しくしている職人さんが、自分たちの利益や経済合理性を追求するのではなく、人間として大事なことを大切にする姿勢から受けた影響は大きいと感じます。

複数の方から、「松下電器（現：パナソニック）を創業した松下幸之助さんの思想哲学に近いね」と言われたことがあり、どんな言葉を残されたのかを調べたことがあります。

「企業は社会の公器」。これは「企業は個人のものではなく社会のものであり、社会の期待に十分に応えられてこそ、社会から信頼されて存続できる」という意味だそうです。

身のまわりの先人の智慧を和えた結果、このような考えに行き着くというのは、面白いなと思います。人間の本質を突き詰めると、行き着くところは近しくなるのだと。

もちろん、会社にとって、公益を追求する「道徳」と、利益を求める「経済」の両立は簡単なことではありません。

しかし、「**どうしたら儲かるか**」「**どうしたら利益率を上げられるか**」**という経済的な視点と同時に、企業が長く続くためには、世の中で必要とされる、人間の道徳心に**

もとづく存在であることも大事なわけです。

私が先人の智慧を参考にする際に、意識していることがあります。

それは、**先人の智慧を単に鵜呑みにしないということ。鵜呑みにすれば表層しかとらえられません。そのため、まず自分のなかに取り入れて、自分と対話しながら咀嚼していくのです。**

その過程では、取り入れる部分とそうでない部分を取捨選択しながら、そのほかの先人の智慧も和えて、自分なりの思考に昇華させていきます。そうして、はじめて自分らしい哲学を生み出すことができると思っています。

時代を超えて受け継がれる経営哲学から、長く続く成功の法則を知る

先人の智慧のなかでも、「和える」の経営哲学のベースともなっているのが、先述した近江商人の経営哲学である「三方良し」です。

「三方良し」は高校生のときから好きな言葉で、起業する際、難しい経営理論は知りませんでしたが、会社を長く続けていくためには「自分良し、相手良し、社会良し」

という「三方良し」は大切にしていこうと決めていました。そして、今でも事業の判断軸にしています。

さらに現代は、環境配慮、グローバル配慮、未来の人たちへの配慮など、「三方良し」だけだとステークホルダーが多いので足りないため、私は「三方良し以上」と言っています。

また、大学院で学んだ「ファミリービジネス論（家族経営論）」にも、多くの知見を得て、反面教師としてうまくいかない経営の事例も学びました。

とくに、経営のいちばんの要は、「辞めるとき」と「承継するとき」だということも感じ、創業間もない頃から、自分がいつ経営者を引退し、どういったかたちで事業を承継するかということを真剣に考えています。

今を生きる先輩起業家のみなさんが、ビジネスの実践で大事にされていることの共通項も、ゆくゆくは先人の智慧になっていくであろうものがたくさんあります。

たとえば、起業する前、ありがたいことに、中堅・ベンチャー企業の経営者を支援する会の経営者同士が学び合う勉強会で、受付のお手伝いをさせてもらい、そこで先輩起業家の方々と交流する機会をいただきました。

毎回、さまざまな先輩経営者のお話を聞かせていただくと、話のテーマや表現は違っても本質は同じだと思うことがあります。

誰かが実践を経て残した経営哲学から学び、企業の「根」をしっかりと下ろすことができれば、世の中の移ろいに合わせて、柔軟に変化しながら生き続けられる企業になれるのではないでしょうか。

何かをあきらめる必要はなく「時間軸」と「委託」で解決できる

経営の「時間軸」を意識してビジネスモデルを実現する

あなたは、自分の会社の何年先までイメージしていますか?

やりたいことはあるけれど、自分ひとりではできない。もしくは、あれもこれもやろうとして、うまくいかない……などということもあるかもしれません。

ただし、簡単にやりたいことをあきらめる必要はなく、まず「経営の時間軸」を意識することで、かたちにしていくことができます。

「経営の時間軸」というのは、経営を「今」という瞬間だけでなく、過去から現在、未来へと経過していく時間の流れで考えることです。

起業した際、私は「和えるくん（創業した会社）が成人するまでの20年間を経営の時間軸とし、和えるくんの成長を設計しよう」と決めました。そして、その時間軸のなかで、やりたいことを順番に実現させてきました。

和えるくんが20歳になったら後継者に経営をバトンタッチするため、最後の5年間は、次の世代に引き継ぐための基盤づくりの期間と位置付けています。

そのため、それまでの15年間で、数年ごとに創業初期からイメージしていた事業を順番に立ち上げ、育み、最後の5年間で整えていこうと進めています。

そのような経験から思うのは、まず創業直後は、あまり利益が出ないビジネスを続けて立ち上げると、経営が苦しくなってしまうため、利益率が高いものを据えてバランス良く組み合わせる必要があるということです。

ただ、それだけではなく、社会からの要請や機運、自分たちの経験値も加味して、タイミング良く事業を立ち上げる準備力とバランス感覚が試されます。

「和える」の創業初期は〝0歳からの伝統ブランドaeru〟だけに集中していましたが、ほかをあきらめたわけではなく、最初のビジネスが軌道に乗ったタイミングをはじめ、時間軸を意識しながら、計画的に立ち上げる順番を見据えていました。

そのため、ビジネスモデルによっては、創業初期に立ち上げられなかった事業もあります。その1つが、2015年にはじめた〝aeru room〟という伝統産業の職人さんの技術を活かした空間を通じて日本の伝統を伝える事業です。

具体的にこれまで手掛けてきた事例は、日本各地にあるホテルや旅館の一室を伝統を活かした特別な空間へと設《しつら》えて、地域の伝統を伝えるお部屋づくりをしてきました。

ホテル側には、部屋にお客様が泊まった日だけ、ロイヤリティをお支払いいただくので、利益が出るまでに時間がかかり、創業直後は立ち上げることができませんでした。

もし、創業直後に立ち上げようとすれば、ホテル側から部屋をつくる際にまとまった金額をお支払いいただくというかたちにせざるを得なくなり、ビジネスモデルそのものを変えなければなりませんでした。

そうしなかったのは、ホテル側には初期投資を部屋づくりに集中していただくことで、より魅力的なお部屋をつくれると考えたからです。それは結果的に、いちばんの目的である、多くのお客様に魅力的な日本の伝統に出逢っていただくことを実現することに直結します。

目先の利益よりも、中長期的な視点でビジネスモデルを設計したことで、〝aeru room〟の事業は想いを貫ける仕組みが整ったのです。

理想を実現するには、**事業を立ち上げる順番**も重要で、順番を間違えると、できることが限られてしまったり、描いたビジネスモデルとズレてしまったりすることも起こり得ます。

そして起業から14年目を迎える今、創業時に私の代で必ず立ち上げようと構想していた事業はすべて実現しています。あとは、残りの在任期間で、育て上げ、美しく稼げる事業に成長させていくことに尽力します。

もちろん、ただ儲けたいということであれば、創業時からすべて利益率が高い事業を立ち上げればいいと思います。ただ、利益率は高くなくても、自分たちの想いや目的を体現するには必要、やるべきという事業がある場合は、時間軸を意識することで妥協せず立ち上げられる時期が自ずと決まります。

「パートナー」と「社内の人材」を和えて、強みを活かす

「時間軸」に加えて、もう1つ意識していただきたいのは「**外部委託**」です。

やりたいという事業があっても、「社内のリソース不足で事業を立ち上げられない……」ということに直面するケースもあるかもしれません。

その際、すべての業務を自社で抱える必要はなく、スキルが高い外部のパートナーに委託するという手段を選ぶことで、リソース不足を解決することができます。

ただ、「委託しすぎ」には注意が必要です。業務を委託しすぎると、社内にノウハウが溜まらず、組織として育たない状態になります。

中長期的に見て、自社の事業を遂行するのに必要な知見やノウハウに関係する業務

は、社内の人間に任せることです。

たとえば、「和える」は日本の伝統を次世代につなぐプロフェッショナル集団として、伝統に関する知識や実体験を大切にし、職人さんとプロジェクトをご一緒するといったスキルは社内に蓄積する必要があるので、それらは創業初期から社員に任せ、機会投資をしながらスキルを育んでいます。

一方、専門家を常時抱える必要がないデザイン関連の業務は、専門知識やノウハウがある外部のデザイナーと協業することで、適材の方に質の高い仕事を実現していただけるようにパートナーシップを大切にしています。

「経営の時間軸」と「外部パートナーとの連携」、それらに共通するのは「見極める」ということ。いつ事業を立ち上げるのかということを見極め、社内に蓄積すべきノウハウと、外部にお願いすべきことを正しく見極めることで、事業の成功の確率を高めることができます。

「昔の自分」を知っている人とのつながりを絶やさない

「自分の会社のことを誰も知らない」という前提に立つ

あなたは、10年後も今と変わらない志を持ち続けられますか？

事業で成功して大金を手にしたり、多くのメディアに取り上げられて箔《はく》が付き「カリスマ」と呼ばれて一躍有名人になったりすると、性格が変わってしまう経営者もいます。

自分の成功体験をひけらかす、贅沢な生活を自慢して自分がいかに特別な存在であるかをアピールする……。

ただし、「栄枯盛衰《えいこせいすい》」という言葉もあるように、時代の寵児《ちょうじ》として脚光を浴びたかと思うと、一気に凋落《ちょうらく》していった人も少なくありません。

その一方で、どれだけ稼ごうと、どれだけ有名になろうと、謙虚さを失わずにいる経営者もいます。

私のまわりにいる経営者の仲間にも、どれだけ大金を手にしても創業時のままの性格で、得たお金を次世代に投資したりして、貢献している人も少なくありません。

とは言え、謙虚さは常に意識をしないと、失ってしまいがちです。私は常に『和える』のことは誰も知らない」という視点を持ち続けています。

経営を10年以上続けていると、会社の存在を知ってくださっている方とお会いすることも増えてきます。

だからと言って、仮に「私たちは世の中で知られている」というスタンスになってしまうと、誤った前提に立ってしまいます。

そのような意味でも、起業前、または起業して間もない自分を知っている人とのつながりを絶やさないことが大切です。

仮に、成功して浮かれてしまい、自分が良くない方向に進んでいても、「いったいどうしたんだよ」と気づかせてくれるような人とつながり続けることで、創業時の気持ちを思い出し、自然と謙虚な気持ちになれるのです。

同じ夢を見る仲間がいたから、起業することができた

謙虚さを忘れないでいられるのも、私には社外に同志と言える人たちの存在があるからです。

どういう想いで、なぜ起業という手段を選び、どんな未来を実現したいのか。起業前から、そういう話をしていた人たちです。

そのような同志だと思える人とは、一期一会のご縁、まさに偶然の出逢いです。「この人だ！」と思った方とつながり続け、今でも毎年必ずお会いしに行き、「今、和えるくんはこんな子に育っています」とご報告をする方が何人かいます。

同志のなかには一緒にいることで、身が引き締まる方もいます。

そのような方は、経営者である私の人生を真剣に一緒に考えてくださり、「この若者を支援してあげよう」という態度ではなく、「経営をサポートすることが自分の人生でやりたかったことだから」という純粋な想いで向き合ってくださいます。

「自分はこうありたい」という志が同じなので、まさに「同志」という言葉があてはまり、社外から見守ってくださっているイメージです。


毎年、ご報告をしている方の1人が、ダイヤモンド経営者倶楽部の北村和郎さんです。私が19歳のとき、大学の先輩からの紹介で知り合いました。

北村さんと私は20歳以上も年が離れていて、年齢も性別も違えば、会社も立場も違うわけですが、ともに同じ夢を見る仲間であり、「和える」が目指していることには北村さんの夢も重なっています。

北村さんにもご自身の仕事がありますから、「和える」のプレイヤーになることはありませんが、私と同じ世界を夢見ていて、その世界がやってくることを心待ちにしてくださっています。

また、北村さんは私にはない視点を持っていらっしゃるので、『和える』を通して、美しい社会、未来がやってくるためにはどうしたらいいのか」ということの壁打ちの相手になっていただくこともあります。すると、「あ、そういう視点もあったか」「もうちょっと、ここは深く考えたほうがいいな」と新たな視点に気づけるのです。

それは、北村さんが「絶対的に、あなたがやろうとしていることをいいと思って応援している。だからこそ、こういう視点は考えたのかい？」「こういうことを言ってくる人もいると思うよ。そういったときは、どうするの？」と同じ夢を実現するために、ともに考えてくださるからです。

そんなふうに同志と一緒にいると、いつも自分がまだ見えていない視点があることに気づきます。

経営者として踏み出したばかりの頃の自分を知っている同志に、志が同じ仲間だと思い続けてもらえるような自分であり続けることで、いつまでも初心を忘れないでいられるはずです。

最後は、命が取られるか否かで決める

究極的な問いで「自分の本心」がわかる

あなたはどんなときに弱気になってしまいますか？

「こんなビジネスに挑戦したい」と思っていても、うまくいかなかったときのことを考えて、「ダメだったらどうしよう……」と失敗を恐れる。

ただ、あとから振り返ってみると、「失敗したらどうしよう……」とやる前に悩んでいることは意外とちっぽけだったと気づくことも少なくありません。

また、失敗を恐れて何もしないより、挑戦したほうが経験値は増える。とは言え、言うは易《やす》しで、行動に踏み切るのは別次元ということもよくわかります。

私が創業して間もない方に提案しているのは、**「それをやると、命が取られるかどうか？」と考えてみること**です。

それくらい極端に自問自答をすれば、否が応でも大きな視点で考えられるようになり、「自分の本心ではチャレンジしたいのかどうか」がわかります。

また、「命が取られるかどうか」という振り切った質問により、やりたいことに対して、自分がどこまで本気なのかもわかります。

実際、本当はやりたそうだけれど悩んで動けない人に「命が取られないいんだったら、やったほうがいいんじゃないですか」とアドバイスをすると、相手は自分の本心に気づいてハッとした顔をすることもあります。

実際にその質問をきっかけに起業した方もいて、数年後に、「じつはあのとき背中を押してもらったことで起業しました」と話に来てくださりました。

不安を払拭したいときは、「命が取られるのか?」と自問すると、多くの場合は、自分で自分の背中を押してあげられるはずです。

「挑戦して失敗するリスク」と「挑戦しなかったリスク」

私は「たいていのことは命が取られることはないから、やりたいことに挑戦する」と腹を決めて起業しました。そのため、これまで経営をしてきたなかでも「失敗したらどうしよう……」とやる前に悩むことは、ほとんどありません。

なかには「失敗したら、まわりからどう思われるか気になって動けない」という人もいます。

私がそうならないのは、自分の人生を振り返った際、挑戦しなかったことを後悔したくないからです。

ついつい「失敗するリスク」ばかりに目がいきがちですが、同時に**「チャレンジしないリスク」**もあると思っています。

昨日より今日、今日より明日と、自分が成長して有意義な人生を送りたい。そのためには、どこかで人生を振り返った際、「あのとき挑戦していたら、もっと成長できて、こんな人生じゃなかったはずなのに……」と思うほうが嫌なので、挑戦することを選択し続けているという感覚です。

ですから、「失敗を恐れずに挑戦している」のではなく、正確に言えば「失敗すらできないリスクのほうが大きい」から、挑戦し続けているのだと思います。

そもそも、「失敗は成功のために必要なプロセス」だととらえており、失敗を失敗だと思っていないところもあります。

もっと言えば、失敗しても成功しても、まず「万事が自分の思い通りになるわけではない」ということを、すべて受け入れる。

いわゆる、**「うけたもう」の精神で、起きていることから何かを学び、やるべきことを淡々とやる、という心境です。**

目の前のことばかり考えていると、「こうなったら、どうしよう……」という不安はどんどん大きくなってしまうものです。「命が取られるか否か」と自問自答することで視座を高め、俯瞰的に考えることで、瑣末な不安を払拭し、後悔しない人生を踏み出せるようになります。

創業時から考え続けているのは、きれいに譲ること

引退時期を決めることで、「やるべきこと」が見えてくる

あなたは、自分の引き際を決めていますか?

経営者は自らの引き際を見極め、後進の人物に会社を譲る必要がある。このことは、私は創業時から考えていました。

何ごともはじまりのときに「終わり」を決めるのは大事なことで、経営者も創業初

期に自分の引退時期を決めたほうがいいと思っています。

「おたくの社長、いつまで続けるのって、よく聞かれるんですよ。もうだいぶ歳なのに、辞める気はまったくなさそうで……」

残念ながら、このような声を聞くこともちらほらあります。会社の成長の足かせに社長がなっている……こうはなりたくないですよね。

経営者が居座ろうとする、もしくは、居座りたいわけではなくとも、いつ引退すればいいのかわからず、結果として居座ってしまっている、という方もいらっしゃいます。

経営者が高齢になり時代の流れについていけない、急に体調を崩し倒れてしまった際に後継者が不在、次世代のリーダーが育っていない……などという理由で会社を畳まざるを得なくなるという話も多々あります。

そんな自分のエゴのために、わが子（会社）が命を終えてしまう（倒産）という事態だけは招きたくないと思いませんか。

そうならないためにも、引退時期を決めて社内外に宣言すること。これは本当に大切です。

また、決めることで、それまでに自分が社長としてやるべきことも自ずと見えてきます。**お尻を決め、そこから逆算して自分がいなくても会社が回るようにするには「いつまでに」「何をするか」を具体的に決めていきます。**そうしたら、引き継ぐ期間も自ずと決まり、後継者にバトンタッチをすることが現実的に見えてきます。

いざそうなると、自分が創業した会社だからこそ愛着もあり、「やっぱり自分がいないといけない」と言い出して居座りたい気持ちが湧いてくるかもしれません。

しかし、そういう人にとくに言いたいのは、創業者がいないと回らない組織というのは、まったくもって大失敗で、むしろ、創業者がいなくても回る組織を目指すべきです。いつまでも親（創業者）の顔色をうかがう子（会社）では一人前になれませんからね。

「経営者」と「個人」の人格を分けて、和える

先述したように、創業時から「自分がいなくても回る組織を育てるためには、どうしたらいいのか」ということを考えていました。

このように真剣に考えたのは、大学院で「ファミリービジネス（家族経営）論」を学び、いちばんの要《かなめ》は辞めるとき、承継するときだと知ったからです。

わかりやすく言えば、身を引く側が「自分はここで引退します」ということを言ってあげないと、会社のみんなが困ってしまうのです。

ですから、創業初期からすでに「和えるくん（自社）が当時の日本の成人年齢であった20歳になるまで、親である私が責任を持って育てよう。20歳を超えたら、育ての親（後継者）に経営をバトンタッチしよう」と決めました。どういったかたちで事業を承継するかということを含め、ビジネスモデルを考えました。

「和えるくん」という会社を擬人化したメタファーも、引退したときにみんなが困らないように、会社と経営者の人格は最初から分けておき、社内の意思決定が思想哲学をもとになされるよう、創業者として思想哲学を徹底して残すことも意図しています。

「事業承継」というのは、すべての経営者がいずれ突き当たる課題です。

経営に人生の多くの時間を費やしてきた人ほど、引退後のことを考えると寂しい気持ちになってしまい、なかなか引退できなくなるケースも少なくありません。

会社の経営から身を引いたあとに続く次の人生を見つけることができずに、「引退したら、生きがいを失ってしまう」と思うからかもしれません。そのように思考してしまうのは「会社経営＝自分の人生」となっているからではないでしょうか。

私は和えるくんのお母さんですが、いつかは和えるくんもお母さんから巣立っていく日がきます。そうなったときに、自分自身と和えるくんが一体化していたら、自分の体の一部がなくなるような感覚になるのだと思います。

ですから、私は和えるくん（会社）と経営者としての自分の人格は分けて考えることを徹底しています。

「和える」の創業時から、お母さん業（社長業）の引退時期を決めているからこそ、経営という子育てでやるべきことが明確に見えてきました。

「20歳になるまでに、自立した子になれるように親の役目を果たさそう」と考えると、経営者としてやり残したことがないように、自ずとやるべきことが頭に浮かんできます。

「創業者として、これをしておいたほうがいいな」「あと数年で、次の育ての親を見つけなければ」とスイッチが入り、次にやるべきことを迷わずに進めています。和えるくんが20歳になって独り立ちするまでの15歳からの5年間は、事業継承に向けた準備期間としています。

事業継承の前までに、「和える」の思想哲学を体現できる事業を立ち上げようと決め、私のこれまでの集大成となる精神性を体感できる場所を生み出す〝aeru time-stay〟事業に着手しはじめました。

思想哲学を引き継ぐうえで、私がつくらねばならない事業はすべて立ち上げたので、今後は、社員や次の経営者が必要と感じる事業をそれぞれ自由に立ち上げればいいと思っています。

20歳で大人になる和えるくんは、生みの親である私がいなくても、育ての親やお姉さん、お兄さん（社員）たちだけで経営が成り立っている状態が理想です。

このように、すべてのことはお尻を決めることで、導かれていくとも言えます。

あなたは、いつ引退しますか？　これを機に決めてみてはいかがでしょうか。

大人になった会社を、おばあちゃんとして見守りたい

ただ、引退すると言っても、完全にいなくなるわけではなく、重要な意思決定の場面からは外れ、孫を見守る和えるくんのおばあちゃんとしてお役に立てればと思っています。

おばあちゃんのいちばんの仕事は、現役の社長を支えることです。おじいちゃんやおばあちゃんが子育ての手助けをするイメージです。

たとえば、後継者からの相談があればアドバイスをしたり、後継者が「この職人さんやお取引先とつながりたい」と思った際には、私のこれまでのつながりからご紹介することもあるかもしれません。

ただし、智慧やつながりは次の世代に授け、見守りはするけれど、結局しゃしゃり出て経営の意思決定に関わるような老害にはならないというのは肝に銘じています。

もちろん、和えるくんを支えるおばあちゃんとして、お役に立てるようにありたいと思いますが、育ての親に「いてもらわないと大変です」と言われないようにするの

が、引退前までに自分がすべきことだと考えています。

創業する際、終わりも一緒に考えることで、足るを知る、つまり「ここまで経営できれば満足した」と思えるようになり、会社をきれいに譲るという、生みの親として育児のゴールを迎えることができるのです。会社の成長とともに、自身の美しい終え方も考えてみてください。

おわりに

あなたは、どんなときも自分の想いに素直に、ブレない軸に従って、ご機嫌に経営をしたいと思うようになりましたか？

私自身、会社が創業10年を超えたあたりから、こんなふうに言われることが増えてきました。

「正直、矢島さんの会社が、こんなに長く続くとは思っていなかったから驚きだよ。とても素敵な想いではじめられたのは知っていたから、続いてくれたらいいなとは思っていたんだけど……きれいごとばかり並べ立てているから、すぐに経営が立ち行かなくなると思っていた。それが今も続いていて。創業時のピュアな想いに忠実に、ブレずに経営をし続けている秘訣をぜひ知りたい」

ブレない軸を持ち続ける経営の秘訣は、「自分と約束すること。尊敬する誰かと心から約束すること」です。

ただ、「真にブレない軸が何なのか」を知るために、「悩む」という行為は大切でもあります。その視点を持たずにやみくもに悩むと、迷宮のラビリンスに陥り、不安を払拭できなくなります。

悩むために悩むのではなく、ブレない軸を確かめるために、さまざまな可能性を鑑みるために悩む、ということです。

私は世の中から、「きれいごとだよ」という言葉がなくなるとき、ようやく美しい社会がやってくると思っています。

経済的に豊かになるためには、一度、理想を横に置いておかなければならないとあきらめないでほしいのです。企業のトップがあきらめたら、みんなあきらめざるを得ないからです。

終わりのない経済の豊かさを無自覚に追うのではなく、足るを知る経済で人間本来の心の豊かさを失わない程度の経済の豊かさというバランス感覚を、日々失わずに経営したいものです。

そのためには、まずは自分の幸せを具体的に知ること。その幸せを手放さずに経営すること。そして、日々さまざまなことが起きるなかでも、「うけたもう」の精神で心身ともに健康でいられる状態を整えることが大切です。

ぜひあなたも、この本を読み終える、そのときから、素直なご自身との対話を習慣にしてみてください。


今回、私が実践してきた思考の過程や習慣を編集担当の日本実業出版社の川上聡さん、作家エージェントの渡辺智也さんに壁打ち相手になっていただきながら、言葉につむぎ出しました。

何か1つでもヒントになり、心おだやかに経営者人生を楽しむ方が増えたなら、心よりうれしく思っています。

矢島里佳

矢島里佳（やじま　りか）

株式会社和える 代表取締役。1988年東京都生まれ。慶應義塾大学法学部卒業、慶應義塾大学大学院政策・メディア研究科修了。職人と伝統の魅力に惹かれ、19歳の頃から全国を回り、大学時代に日本の伝統文化・産業の情報発信の仕事をはじめる。「日本の伝統を次世代につなぎたい」という想いから、大学４年時の2011年３月、株式会社和えるを創業。2012年３月、幼少期から職人の手仕事に触れられる環境を創出すべく、“0歳からの伝統ブランドaeru”を立ち上げ、日本全国の職人とともにオリジナル商品を生み出す。事業承継や企業・ブランドの原点を整え、魅力化をお手伝いする「伴走型リブランディング事業」を行い、地域の大切な地場産業を次世代につなぐ仕事に従事。自社で実践してきた、「日本の伝統を通じて、ご機嫌＝ウェルビーイングに、生きると働くを実現する」講演会やワークショップも展開。そのほか、日本の伝統や先人の智慧を、暮らしのなかで活かしながら次世代に心豊かな社会をつなぐためにさまざまな事業を創造。ゼブラ企業（「サステナビリティ」を重視し、「共存性」を価値とするスタートアップ）としてメディアに掲載される。事業拠点は東京「aeru meguro」、京都「aeru gojo」。「ガイアの夜明け」（テレビ東京）にて特集。2015年「第４回 DBJ（日本政策投資銀行）女性新ビジネスプランコンペティション」女性起業大賞受賞。2017年APECの女性起業家を表彰する「APEC Best Award」受賞。また、日本政策金融公庫の高校生ビジネスプラン・グランプリ審査委員、日刊工業新聞社の「キャンパスベンチャーグランプリ」全国大会審査委員、総務省の「地域おこし協力隊ビジネスアワード審査会」審査員・アドバイザーなど、さまざまなビジネスコンテストの審査員を務め、1000以上のビジネスモデルを見てきている。

https://a-eru.co.jp/

ブレずに「やりたいこと」で食《た》べていく起業《きぎょう》

2025年２月１日　初版発行

著　者　矢島里佳

発行者　杉本淳一

発行所　株式会社日本実業出版社　東京都新宿区市谷本村町３−29 〒162-0845

編集部　☎03-3268-5651
営業部　☎03-3268-5161　振　替　00170-1-25349
https://www.njg.co.jp/

印刷／壮光舎　　製本／共栄社

ISBN 978-4-534-06164-5　Printed in JAPAN